elefante

conselho editorial
Bianca Oliveira
João Peres
Tadeu Breda

edição
Tadeu Breda
Luiza Brandino

assistência de edição
Carla Fortino
Fabiana Medina

preparação
Bhuvi Libanio

revisão
Denise Pessoa Ribas
Eduarda Rimi

projeto gráfico
Leticia Quintilhano

ilustração de capa
Denise Matsumoto

capa & direção de arte
Bianca Oliveira

assistência de arte
Sidney Schunck

diagramação
Fernando Zanardo

tradução
Vinícius da Silva

bell hooks

salvação

pessoas
negras
e o amor

Anthony, a primeira carta de amor que escrevi foi para você. nela havia esta citação de Malcolm X: "Nós mesmos temos de elevar o nível de nossa comunidade, elevar nossos padrões, tornar nossa própria sociedade bonita para que fiquemos satisfeitos [...] precisamos mudar a ideia que temos uns dos outros. Precisamos enxergar uns aos outros com novos olhos [...] precisamos nos unir com afeto".

celebrando dez anos — e o afeto que você traz para minha vida — com todos os louvores

Salvação não é ter chegado a um destino,
é estar no caminho certo.

— Martin Luther King

Quando alguém tenta se recuperar, estar
novamente em boa forma, tornar-se inteiro
outra vez, [...] creio que esse seja o começo
do despertar. As pessoas falam sobre
iluminação súbita. Não é algo muito difícil de
entender; todos nós passamos por esse tipo
de experiência na vida. A distância que separa
o esquecimento, a ignorância e a iluminação é
curta; é tão curta que não há distância alguma.
Uma pessoa pode ser ignorante agora, mas
iluminada no próximo segundo. A recuperação
de si mesmo pode ser realizada em apenas uma
fração de segundo. E estarmos conscientes de
quem somos, do que somos, do que estamos
fazendo, do que estamos pensando parece
ser uma coisa muito fácil de fazer — e ainda
assim é a coisa mais importante de se lembrar:
é o ponto de partida da salvação de si mesmo.

— Thich Nhat Hanh, *The Raft Is Not the Shore*
[A jangada não é a margem]

prefácio à edição brasileira

salvação: o amor é profundamente político

nina rizzi, 10

introdução

o amor é nossa esperança, 20

01. o cerne da questão, 30

02. nós usamos a máscara, 44

03. a questão do amor-próprio, 58

04. valorizar-nos da maneira correta, 80

05. superar a humilhação, 96

06. amor de mãe, 118

07. dignificar mães solo, 138

08. masculinidade negra amorosa: pais, amantes, amigos, 152

09. amor heterossexual: união e reunião, 176

10. acolher a homossexualidade: círculos intactos, 208

11. justiça amorosa, 228

sobre a autora, 245

prefácio à
edição brasileira
nina rizzi

salvação: o amor é profundamente político

Em *Tudo sobre o amor*, primeiro livro de sua Trilogia do Amor, bell hooks, concentrando-se nas desigualdades de gênero, parte do princípio de que o amor é uma ação e uma responsabilidade, não somente um sentimento que diz respeito às relações humanas.

Neste segundo volume, mais do que compreender o amor, a autora se dedica a pensar o amor — e o desamor — como uma questão social da comunidade negra. Trata-se de um manifesto cuja mensagem central é o poder transformador do amor para criar mudanças sociais após séculos de uma opressão promovida pela ideologia patriarcal, capitalista e supremacista branca e seus decorrentes traumas que despedaçam o amor-próprio, as famílias e o sentido de pertencimento. *Salvação* é um manifesto por uma ética do amor que oferece, a um só tempo, o panorama histórico das forças que moveram uma comunidade negra amorosa — mesmo num contexto escravocrata e depois segregado — à fraturada e violenta geração hip-hop, revelando com profundidade o desespero coletivo que resulta na falta de amor. Mais importante ainda, este livro é uma ponta de lança, propondo estratégias e práticas para o fim do auto-ódio e para que a vida em comunidade seja diversa, amorosa e, portanto, livre. É como diz a própria autora:

> Profeticamente, *Salvação: pessoas negras e o amor* nos convoca a voltar para o amor. Ao abordar o significado do amor na experiência negra hoje, clamar por um retorno à ética do amor como plataforma de renovação da luta antirracista progressista e oferecer um modelo para a sobrevivência e a autodeterminação negras, esta obra corajosamente nos leva ao cerne da questão. Dar amor a nós mesmos, amar a negritude, é restaurar o verdadeiro significado da liberdade, da esperança e da possibilidade na vida de todos nós.

Como em toda a sua obra, inclusive nos livros dirigidos ao público infanto-juvenil, bell hooks se insere no texto, recorrendo a lembranças muitas vezes dolorosas de sua própria vida, mas, ao mesmo tempo, pensando sobre si coletivamente, como pertencente à — e agente da — cultura negra. Ela sabe, e nos ensina, que narrar suas experiências não é deleitar-se no rio de Narciso, e sim, como diz Conceição Evaristo, mirar-se no espelho de Oxum: ela não se encerra em si mesma, e sim reverbera em comunidade. Por isso, quando lemos seus livros, nos sentimos em intimidade, *em comunidade* — ela traz à tona experiências com as quais nos identificamos.

bell hooks cresceu no Kentucky, numa comunidade segregada onde as pessoas trabalharam para "fomentar uma subcultura na qual laços afetivos pudessem ser criados e sustentados". Laços de identificação e pertencimento promovidos pela igreja, pela escola, com as amizades e em casa, ainda que seu pai tivesse internalizado uma visão patriarcal de homem de família, que dita que basta prover as necessidades materiais e ser duro e rigoroso para que os filhos sejam capazes de sobreviver num mundo racista — ou, mais exatamente, numa cultura dominante de supremacia branca, termo que "nos permite responsabilizar pessoas não negras por atos de agressão racial explícitos e dissimulados, além de olhar e questionar como os negros internalizam o pensamento e a ação da supremacia branca". Sua mãe, embora não conhecesse "termos políticos sofisticados como 'descolonização'", trabalhou para incutir autoestima positiva nos sete filhos, valores reforçados pelas instituições negras. Foi esse bem-estar emocional que tornou o amor possível na vida de bell hooks. E é isso que move seu pensamento, sua escrita e sua ação.

No Brasil, apesar de não termos vivenciado leis segregacionistas, pessoas negras sempre viveram e ainda vivem à margem, num passado que, como diz o poeta e professor Jorge Augusto, parece nunca parar de passar. Mas o pertencimento e o amor foram fomentados pelas comunidades negras, dos quilombos aos terreiros, da capoeira às agremiações e escolas de samba, da culinária ao movimento negro unificado.

Homens negros e o amor

Sinto tanta raiva que
amar parece errado
— Baco Exu do Blues

e não esqueço do irmão
cuja nova paquera jogou seu nome e cpf no jusbrasil
porque
afinal ela é uma mulher que precisa se proteger
e ela não sabe o que é um homem preto
sendo avaliado procurado fichado
uma vida inteira pela polícia
e pô já basta a polícia
— e quem vai protegê-lo?

Como os temas que aborda tratam da cultura e da experiência coletiva, bell hooks não só analisa as representações da supremacia branca sobre as comunidades negras e seus efeitos como vê as comunidades de dentro, sem passar pano para ninguém. Ela analisa criticamente as imagens retratadas em *The Cosby Show* e em muitos filmes de Spike Lee; a retórica patriarcal misógina e homofóbica do movimento *black power*, de muitos rappers afro-estadunidenses e até mesmo de Malcolm X e de Martin Luther King; a literatura fundada nos grilhões, na humilhação e na dor; o amor materno idealizado, que atrapalha o desenvolvimento dos filhos em vez de ensiná-los a serem responsáveis; e até mesmo os relacionamentos baseados numa ética consumista e na subordinação de mulheres e crianças.

Tal análise não significa que a autora seja uma "inimiga da raça", mas sim que compreende que, como resultado da internalização do pensamento patriarcal, muitos homens negros pensam que precisam ser "machos" para ser "homens de verdade". hooks lembra que, embora essa seja uma resposta natural ao trauma e às imagens de controle racistas, a cura não se dá pela dureza das ações. E evoca o pensamento de James Baldwin: a dor histórica que compartilhamos, ao invés de nos endurecer, pode nos tornar mais suaves e amorosos, mais propensos à empatia e ao amor, incentivando os homens negros a partilhar seus sentimentos para que se mantenham emocionalmente íntegros.

São inúmeros os homens negros que conheço que adotam uma postura patriarcal em suas relações com mulheres e filhos. Homens emocionalmente indisponíveis. Eles estão adoecidos porque não conseguem ser aceitos e, portanto, não conseguem ser homens amorosos. É preciso que eles se rebelem não só contra os modelos de masculinidade mas também contra modelos de mulheridade desejável. Que deixem de enxergar o amor como uma tarefa de mulher e abandonem identidades incutidas que destroem relacionamentos, ao invés de abandonar as crias e os relacionamentos em geral.

Para serem curados, os homens e todas as pessoas precisam conhecer e respeitar nossa história — uma história que não é de grilhões — e cuidar dos nossos. Descolonizar a mente coletivamente significa renunciar e resistir ao julgamento de outras pessoas — e de nós mesmos — com base na cor da pele e desaprender todas as percepções e representações negativas que advêm daí. Descolonizar a mente coletivamente significa também cuidar dos traumas psicológicos.

Significa não amar o poder e o dinheiro. Destruir o topo, amar a negritude. Tornar o amor uma questão central em nossa vida. "Amar a negritude é mais importante do que ter acesso ao privilégio material." Assim, o amor-próprio é cultivado. Assim, a recuperação é coletiva. "Homens negros descolonizados e maduros sabem que o amor é a força de cura que permite a verdadeira liberdade."

"Todas as mulheres negras amorosas ameaçam o status quo"

Ao ler as experiências de amor de bell hooks, me vejo num espelho. E vejo minha mãe e as demais mulheres que me criaram, a forma como me olhei e como cuidei de mim mesma, o modo como me relaciono com minha filha e com as mulheres todas.

É verdade que a privação material e as castas raciais cruzaram cada uma dessas relações. Lendo este livro, entendo que minha mãe fez o que pôde num contexto degradante. Revejo minhas ações enquanto mãe, filha, amiga e professora, eliminando o fardo que foi colocado sobre todas nós e deixando de internalizar o racismo e o sexismo.

Certa vez, minha mãe me disse, num tom muito doce, desses de quem faz um elogio, que eu era mais bonita que uma outra garota porque "não sou tão preta". Houve um episódio em que uma amiga, também negra, com quem eu dividia questões de poesia, gênero, raça e classe, me disse, depois que eu a decepcionei: "tá vendo como você é branca". Minha filha, que estuda num colégio público onde a maioria dos estudantes é negra, começou a se interessar sobre sua raça e a querer se entender como uma pessoa "parda". Minha aluna retinta, estudante de uma escola privada, revelou que usa cremes para clarear a pele e alisa o cabelo para ficar bonita como suas colegas.

Todo mundo sabe: quanto mais escura a pele de uma pessoa, mais alvo ela se torna do racismo; quanto mais clara a pele de uma mulher, mais erotizada é sua figura (que os homens abraçam). Essa estratégia colonial de nos levar a defender uma estética branca e odiar a pele escura está aqui, desde os primeiros registros de viajantes europeus ao Brasil, que viam "mulatos" como pessoas mais inteligentes e trabalhadoras do que negros retintos, até as salas de aula de hoje, onde crianças zombam umas das outras por causa da pele escura ou "parda", além da rivalidade entre mulheres negras de matizes diferentes de pele. Precisamos desaprender não só o auto-ódio mas o ódio sexista patriarcal e as divisões em castas raciais promovidas pelo estupro de mulheres negras. Precisamos amar a nós mesmas e outras mulheres negras.

Como a maioria das mães, sou mãe solo e sei, como bell, que a presença de um homem por si só não significa mais apoio financeiro e emocional (embora também saiba que, para os filhos, a contribuição paterna é tão importante quanto a materna, e que amor a mais nunca é demais). Continuo a olhar esse espelho, em retrospectiva, e vejo: mais do que promover condições materiais para minha filha, preciso estar presente quando estou presente. Ficar feliz em compartilhar, como sua mãe, o meu dia, as minhas alegrias e —por que não? — também as minhas tristezas. Cuidar de seu ori, sua cabeça tão bonita e abundante. Valorizar sua aparência, mas principalmente suas qualidades enquanto ser humano. Estar presente, criar um ambiente saudável para seu desenvolvimento, cultivar o amor.

O amor como prática política

era imensa a vida
entornava o àiyé quando
estilhaços-luzes me varavam
o coração

chore não, mainha
era ocê que via
enquanto o orun se abria
através dos estilhaços-luzes

pra eles a espada de ogum
no meu
— o teu —
coração

O que move a escrita de bell hooks é o amor. Quando escreve sobre artes visuais e cultura de massa, está escrevendo sobre amor. Quando escreve sobre educação, está escrevendo sobre amor. E quando escreve sobre amor, está escrevendo sobre nós.

bell hooks é afrofuturista.

Quando percebeu que as histórias que queria conhecer não foram pesquisadas, as estudou e as escreveu. Quando percebeu que livros infantis depreciavam crianças negras, escreveu histórias positivas em que as crianças são seguras e amadas. Quando viu que faltava beleza e amor representados na mídia, foi em busca de criações negras, produzidas por pessoas desde a escravidão até hoje, para encontrar alegria, deleite e inspiração.

Se este livro é um manifesto coletivo, talvez seu maior ensinamento seja "defender a justiça e a liberdade com o coração, o corpo, a mente e o espírito inteiros". Porque nenhuma questão aqui pode ser individual, e nada nem ninguém aqui pode ser pela metade.

A heterossexualidade compulsória é uma questão coletiva; o racismo, a misoginia e a fome são questões coletivas; quando uma pessoa atenta contra a própria vida, trata-se também de uma questão coletiva. A vida é uma questão coletiva. Falhamos terrivelmente enquanto sociedade ao individualizar e personalizar quaisquer dores ou traumas.

Defender a justiça e a liberdade é defender o amor. E assumir a responsabilidade diante das injustiças, seja qual for sua raça, é uma prática de amor profundamente política.

nina rizzi é poeta, tradutora, editora, pesquisadora, professora e historiadora, autora de *Sereia no copo d'água* (Jabuticaba, 2019), *Caderno goiabada* (Jabuticaba, 2022), *A melhor mãe do mundo* (Companhia das Letrinhas, 2022) e *Elza: a voz do milênio* (Editora vr, 2023), entre outros. Traduziu inúmeros livros, estre os quais se destacam: de bell hooks, *A pele que eu tenho* (Boitatá, 2022), *Minha dança tem história* (Boitatá, 2019) e *Meu crespo é de rainha* (Boitatá, 2018); de Alice Walker, *Colhendo flores sob incêndios: os diários de Alice Walker* (Rosa dos Tempos, 2023) e *Meridian* (José Olympio, 2022); de Gayl Jones, *Apanhadora de pássaros* (Instante, 2023); e de Abi Daré, *A garota que não se calou* (Verus, 2021), finalista do prêmio Jabuti de tradução.

introdução
o amor é nossa esperança

O amor e a morte foram os grandes mistérios da minha infância. Quando eu não me sentia amada, queria morrer. A morte levaria embora o trauma de me sentir indesejada, fora de lugar, de ser sempre aquela que não se encaixa. Na época, eu sabia que o amor dava sentido à vida. Mas me incomodava o fato de que nada que ouvi sobre o amor se encaixava no mundo ao meu redor. Na igreja, aprendi que o amor é pacífico, bondoso, clemente, redentor e fiel. E, no entanto, todos pareciam ter problemas de relacionamento. Mesmo quando criança eu refletia sobre a diferença entre o que as pessoas diziam sobre o amor e o modo como se comportavam.

Como mulher jovem que esperava encontrar o amor, fiquei decepcionada com os relacionamentos que testemunhei e incomodada com minha própria busca. Embora estivesse me tornando mulher em um momento de amor livre e casamento aberto, eu sonhava com um parceiro para a vida toda. Minha percepção sobre casamento foi moldada pela relação entre meus avós maternos, que ficaram juntos por mais de 75 anos. O ensaio que escrevi sobre o relacionamento deles[1] descrevia como eram diferentes, e ainda assim havia naquela relação o

---

1. "Excentricidade inspiradora". *In*: *Pertencimento: uma cultura do lugar*. Trad. Renata Balbino. São Paulo: Elefante, 2022, p. 166-76. [N.E.]

que o terapeuta Fred Newman chama de "aceitação radical". Eles tinham a curiosa mistura de união e autonomia tão necessária em relacionamentos saudáveis, embora difícil de encontrar. Não a encontrei, mas continuo procurando.

Desde a época da faculdade, a maioria das pessoas que encontro considera tolo e ingênuo o desejo de passar a vida inteira com um parceiro. Repetidas vezes falam de taxas de divórcio e dos constantes términos de relacionamentos entre casais homo e heterossexuais como sinais de que passar a vida toda com alguém simplesmente não é um desejo realista. Cinicamente, muitas delas acreditam que casais que permanecem juntos por mais de vinte anos são em geral infelizes ou apenas coexistem. Isso sem dúvida é verdade para muitos casamentos (meus pais estão juntos há quase cinquenta anos, e não conseguiram criar um lar feliz). Mas há casais que consideram uma felicidade genuína passar a vida inteira um com o outro. Seus laços são tão representativos do que é real e possível quanto a realidade daqueles vínculos corrompidos e quebrados.

Observando meus avós, aprendi que manter um compromisso feliz no relacionamento não significa que não haverá momentos ruins e difíceis. Em meu primeiro livro a respeito do amor, *Tudo sobre o amor: novas perspectivas*, afirmo continuamente que ele não acaba com as dificuldades, mas nos dá força para lidar com elas de maneira construtiva. Aquele livro assim como este, é dedicado a Anthony, com quem tive (e continuo tendo) longos debates sobre a natureza do amor. Ele, um sujeito de trinta e poucos anos cujos pais se separaram quando era garoto, não tem a perspectiva de um relacionamento que dure a vida toda. Na verdade, a ideia lhe parece "estranha". Somente com a própria experiência ele está aprendendo a acreditar que laços duradouros devem ser nutridos e valorizados.

Todas as relações amorosas florescem quando se mantém o compromisso. A lealdade em meio à mudança fortalece os laços. Tanto nas relações românticas quanto nas amizades, gosto de passar por mudanças com pessoas amadas, observando como nos desenvolvemos. Para mim, isso é semelhante ao prazer e à admiração que pais e mães amorosos sentem quando testemunham as inúmeras mudanças pelas quais os filhos passam. Ter um parceiro de longa data que participa do nosso crescimento e também o presencia é um dos prazeres profundos do amor. Eu celebro o amor duradouro em *Tudo sobre o amor*, obra que debate de forma geral o significado do amor em nossa cultura e o que devemos saber sobre ele.

Ao ministrar palestras em escolas públicas durante a turnê de lançamento daquele livro, muitas vezes eu ficava angustiada ao ouvir crianças negras de todas as idades expressarem a profunda convicção de que o amor não existe. Ficava constantemente chocada ao ouvir jovens negros afirmarem de maneira enfática: "Não existe essa coisa de amor". Em *Tudo sobre o amor*, defino o amor como uma combinação de cuidado, conhecimento, responsabilidade, respeito, confiança e compromisso. Como eu chamo a atenção para a dimensão do cinismo em relação ao amor em nosso país, não deveria ser nenhuma surpresa para mim o fato de que a falta de amor generalizada da qual eu falo seja mais profundamente sentida no coração das crianças e entre grupos de garotas e garotos negros — coletivamente privados de seus direitos, negligenciados ou invisibilizados nesta sociedade — e que eu ouviria tais sentimentos serem francamente reconhecidos. Quando críticos brancos que não entendiam a necessidade de protestos militantes perguntavam à dramaturga Lorraine Hansberry sobre a luta antirracista, ela respondia que "a aceitação de nossa condição atual é a única forma de extremismo que nos desonra perante nossos filhos". Diante de crianças negras que me dizem clara, direta e desapaixonadamente não haver amor, encaro nosso fracasso coletivo como nação e como afro-estadunidenses em criar um mundo onde todos possamos conhecer o amor. Este livro é uma resposta a essa crise. Ele nos desafia a criar de maneira corajosa o amor de que nossos filhos precisam para ser inteiros, para viver bem e plenamente.

No início da história de nossa nação, quando pessoas brancas colonizavam africanos por meio de sistemas de servidão por contrato e escravidão, elas justificavam esses atos de agressão racial alegando que os negros não eram totalmente humanos. E foi sobretudo nas questões afetivas, de cuidado e de amor que os colonizadores buscaram exemplos para comprovar que pessoas negras eram desumanizadas, que não tínhamos as emoções aceitas como norma entre o povo civilizado. Na mentalidade racista, o africano escravizado era incapaz de ter sentimentos profundos e emoções refinadas. Uma vez que o amor era considerado um sentimento superior, negros e negras eram vistos como incapazes de amar.

Quando a escravidão chegou ao fim, muitos dos estereótipos racistas que tinham sido usados para subordinar e alienar os negros foram contestados. Mas a questão sobre negros e negras serem ou não capazes de amar, de sentir emoções profundas e complexas, continuou a ser assunto de discussões acaloradas. Nas primeiras décadas do século XX, pessoas negras acadêmicas começaram a debater a possibilidade de o impacto desumanizador do terrorismo e do abuso racistas ter deixado negros e negras deficientes em relação ao amor. Escritores como Richard Wright, Zora Neale Hurston, Ann Petry, Lorraine Hansberry e James Baldwin mantiveram debates intensos sobre a questão do amor em textos de ficção e não ficção.

O romance de Hurston *Seus olhos viam Deus* mostrou que o amor era não apenas possível entre os pobres e oprimidos, mas uma força vital necessária e essencial. Em seu provocativo romance de protesto *A rua*, Ann Petry ofereceu ao mundo a imagem de um amor heterossexual negro em que homens negros traem mulheres negras, objetificam-nas e as manipulam sexualmente. A cobiça oportunista leva o herói negro a agredir e desrespeitar a integridade da mulher negra que o ama. Wright, em seu romance de protesto *Filho nativo*, ofereceu ao mundo uma imagem da negritude que se tornou sinônimo de desumanização, de ausência de sentimento. Seu personagem Bigger Thomas encarnava uma ausência de amor tão implacável que aterrorizou ativistas negros que lutavam para combater imagens semelhantes da negritude que emergiam da imaginação branca.

Em sua autobiografia, *Black Boy* [Menino negro], Wright ousou dizer ao mundo que acreditava que a desumanização havia acontecido com muitos negros e negras, que o genocídio racista em curso nos deixara danificados, feridos para sempre no espaço onde viríamos a conhecer o amor. Os críticos Baldwin e Hansberry refutaram essa imagem unidimensional da negritude. Em *Nobody Knows My Name* [Ninguém sabe meu nome], Baldwin declarou:

Suponho que o papel do negro na vida estadunidense tenha algo a ver com nossa concepção de Deus. [...] Estar com Deus é realmente estar imerso em um desejo enorme e arrebatador, em alegria e potência, que você não consegue controlar e que controla você. Concebo minha própria vida como uma jornada em direção a algo que não compreendo, e essa caminhada me faz ser melhor. Concebo Deus, de fato, como um meio de libertação, e não como um meio de controlar os outros. O amor não começa e termina da maneira como aparentemente pensamos. O amor é uma batalha, o amor é uma guerra; o amor é um crescimento. Ninguém no mundo [...] conhece melhor os estadunidenses ou [...] ama-os mais do que o negro estadunidense.

Em meados dos anos 1960, diante de um grupo de jovens negros aspirantes a escritores, Hansberry disse que, se quisessem entender o significado do amor, deveriam conversar com os negros e "perguntar aos trovadores que amaram mesmo quando tudo apontava para a inutilidade e a imprudência do amor". Com ousadia, ela afirmou: "Talvez sejamos os professores quando isso for feito. Das profundezas da dor que pensamos ser nossa única herança neste mundo, ah, nós conhecemos o amor!". Tanto Baldwin quanto Hansberry acreditavam que a identidade negra fora forjada na luta triunfante para resistir à desumanização, que a escolha de amar era uma dimensão necessária da libertação.

Já em 1974, a escritora June Jordan publicou o ensaio "Notes toward a Black Balancing of Love and Hatred" [Notas para um equilíbrio negro de amor e ódio], discutindo qual seria a experiência negra definitiva: o triunfo do amor sobre a desumanização, celebrado na obra de Hurston, ou o triunfo da violência, do auto-ódio e da destruição, retratados em *Filho nativo*, de Wright. Jordan afirma: "Inquestionavelmente, *Seus olhos viam Deus* é o protótipo do romance negro de afirmação; é o romance mais bem-sucedido, convincente e exemplar sobre amor negro que temos, ponto-final". No entanto, Jordan nos encoraja a não precisar escolher entre Hurston ou Wright, pois ela acredita que, em sua desumanização, Bigger Thomas "ensina sobre a necessidade do amor, de ser capaz de amar sem ser destruído tanto quanto Janie Starks, personagem de Hurston", e declara que "devemos igualmente valorizar e igualmente imitar o protesto negro e a afirmação negra, porque necessitamos de ambos". Apesar desse pensamento profético, no mundo do ativismo antirracista, um chamado à violência, em vez de um chamado ao amor, tornou-se regra. A afirmação e o amor que Jordan considerava essenciais já estavam sendo muito criticados.

Embora os profetas dos direitos civis sempre tenham enfatizado uma teologia da libertação que sustentasse o amor como essencial tanto para criar nas pessoas negras uma autoestima saudável que fortalecesse a luta de resistência quanto para humanizar pessoas brancas de coração duro, esse foco no amor não prevaleceu. Uma vez que um movimento organizado de libertação negra que enfatizava o amor foi substituído por um chamado à resistência violenta militante, o valor do amor nos movimentos pela autodeterminação e pela libertação negras deixou de ser destacado. No fim dos anos 1970, um novo cinismo tornou-se predominante. A ética do amor, uma vez evocada por líderes visionários como fonte fundamental da potência e da força de nossa luta pela liberdade, começou a ter pouco ou nenhum significado na vida dos negros, sobretudo dos jovens.

O amor foi de fato ridicularizado — não apenas a mensagem para "amar seus inimigos", da revolução não violenta encabeçada por Martin Luther King, mas também a mensagem de construir amor-próprio, autoestima saudável e comunidades amorosas. Como a busca por poder subsumia a busca por libertação na luta antirracista, havia pouca ou nenhuma discussão sobre o propósito e o significado do amor na experiência negra, do amor na luta pela libertação. O abandono de um discurso sobre o amor, de estratégias para criar uma base de autoestima e autovalorização que reforçasse as lutas pela autodeterminação, proporcionou o enfraquecimento de todos os nossos esforços para criar uma sociedade onde a negritude pudesse ser amada por pessoas negras, por todo mundo.

A difamação do amor na experiência negra, em todas as classes sociais, tornou-se terreno fértil para o niilismo, para o desespero, para a violência terrorista contínua e o oportunismo predatório. Isso tirou de muitas pessoas negras a ação positiva necessária para a autorrealização e a autodeterminação coletivas. Muitos dos ganhos materiais gerados pela luta antirracista têm tido pouco impacto positivo na psique e na alma de pessoas negras, pois a revolução interior, que é a fundação sobre a qual construímos o amor-próprio e o amor pelos outros, não aconteceu. Os negros e nossos aliados na luta que se importam com o destino da América negra reconhecem que a potência transformadora do amor na vida cotidiana é a única força que pode resolver a infinidade de crises que enfrentamos agora.

Não conseguiremos efetivamente resistir à dominação se nossos esforços para criar mudanças pessoais e sociais significativas e duradouras não estiverem fundamentados em uma ética do amor. Proficamente, *Salvação: pessoas negras e o amor* nos convoca a voltar para o amor. Ao abordar o significado do amor na experiência negra hoje, clamar por um retorno à ética do amor como plataforma de renovação da luta antirracista progressista e oferecer um modelo para a sobrevivência e a autodeterminação negras, esta obra corajosamente nos leva ao cerne da questão. Dar amor a nós mesmos, amar a negritude, é restaurar o verdadeiro significado da liberdade, da esperança e da possibilidade na vida de todos nós.

Quando as crianças negras me dizem que o amor não existe, digo a elas que o amor está sempre presente, e que nada pode nos afastar do amor se nos atrevermos a procurá-lo e a valorizar o que encontrarmos. Mesmo quando não podemos mudar a exploração e a dominação em curso, o amor dá significado, propósito e direção à vida. Cumprindo a tarefa do amor, garantimos nossa sobrevivência e nosso triunfo sobre as forças do mal e da destruição. Hansberry estava certa em insistir que "sabemos sobre o amor". Mas muitos de nós esquecemos o que sabemos, esquecemos o que é o amor ou por que precisamos dele para manter a vida. Este livro nos lembra disso. O amor é nossa esperança e nossa salvação.

01.
o cerne
da questão

O amor arranca as máscaras sem as quais receamos não poder viver, e com as quais sabemos não nos poder manter. Emprego aqui o termo "amor" não simplesmente no sentido individual senão também como uma maneira de ser, ou um estado de graça — não no sentido ingênuo americano de ser tornado feliz por alguém, e sim no sentido vigoroso e universal de procura, de ousadia e desenvolvimento.

— James Baldwin, *Da próxima vez, o fogo*

De vez em quando, volto a comunidades negras pobres nas quais morei ou que visitei durante a infância. Esses bairros, antes alegres, cheios de vida, com flores plantadas na parte externa de choupanas em condições precárias, amigos reunidos na varanda, agora são paisagens áridas. Muitos deles parecem zonas de guerra. Ao retornar, comprovo a devastação. Cercados por uma aura de vacuidade, esses lugares, outrora envoltos em esperança, agora se erguem como braços áridos, solitários e vazios. Ninguém vai ao encontro deles para tocar, para ser acolhido e acolher, para confortar. A pobreza não criou essa destruição; as gerações de pessoas que habitaram essas paisagens sempre foram pobres. O que testemunho são devastações do espírito, destroços deixados após ataques e explosões emocionais. O que testemunho é uma perda e um desespero de cortar o coração e uma falta de amor tão profunda que altera a natureza dos ambientes, interna e externamente.

A devastação desses lugares onde o amor existia, mas agora está ausente, é apenas um entre muitos sinais da crise espiritual contínua que assola os negros e as comunidades negras em todos os lugares. Com muita frequência, líderes políticos e comunitários falam dessa crise espiritual como resultado da pobreza, da violência e dos danos causados pelo vício, todos potencialmente fatais. Embora seja absolutamente verdade que todas essas forças minam a capacidade de estar bem, há uma profunda crise espiritual subjacente. Como povo, estamos perdendo a esperança. Nossa crise coletiva é tanto emocional quanto material. Não é possível curá-la simplesmente com dinheiro. Sabemos disso porque muitos dos líderes que pregam a necessidade de obter privilégio material, que são detentores de riqueza e status, estão tão perdidos quanto incapacitados emocionalmente, assim como aqueles entre nós que carecem de bem-estar material. Líderes que são viciados em álcool, compras, violência ou em conquistar poder e fama a qualquer custo poucas vezes oferecem uma visão de bem-estar emocional que possa curar e restaurar vidas e comunidades destruídas.

Para curar nossas comunidades feridas, que são diversas e multifacetadas, devemos retornar a uma ética do amor que incorpore uma combinação de cuidado, respeito, conhecimento e responsabilidade. Ao longo da nossa história nos Estados Unidos, líderes negros falaram sobre a importância do amor. E, de vez em quando, líderes contemporâneos enfatizam a importância de uma ética do amor. Em sua obra *Questão de raça*, o filósofo Cornel West argumenta: "A ética do amor não tem nenhuma ligação com sentimentos compassivos ou conexões tribais [...] O amor por si próprio e o amor pelo outro são, ambos, costumes que conduzem a pessoa a uma crescente valorização de si mesma e incentivam a reação política em sua comunidade". Ainda que líderes e pensadores negros contemporâneos falem sobre a necessidade de adotar uma ética do amor como alicerce das lutas pela autodeterminação negra, a maioria dos textos de não ficção sobre a experiência negra não aborda a questão do amor de maneira extensiva.

Uma vez que nossos líderes e acadêmicos concordam que a falta de amor é uma das facetas da crise vivenciada pelas pessoas negras, deveria estar evidente que precisamos de um *corpus* de obras tanto da sociologia quanto da psicologia que aborde a questão do amor entre pessoas negras, sua relevância para a luta política e seu significado na vida privada. Comecei a pensar na falta de discussões sobre o amor na vida negra quando o debate sobre escolas segregadas para garotos negros estava em andamento. Onde eu estivesse, sempre ouvia que os meninos negros precisavam de disciplina, que precisavam aprender o significado do trabalho duro, que precisavam ter modelos fortes que lhes estabelecessem limites e os ensinassem a obedecer. Repetidamente, um modelo militarista de campo de treinamento e formação básica foi apresentado como solução para os problemas de comportamento dos jovens negros. Jamais ouvi alguém falar que os garotos negros precisavam de amor como uma base capaz de garantir o desenvolvimento de uma autoestima saudável, do amor-próprio e do amor aos outros. Embora os líderes negros estivessem entre as vozes que definiam a falta de amor como uma das principais causas de desesperança e desespero entre jovens negros, nenhum deles falou sobre o papel do amor na educação desses meninos.

Quando uma quantidade enorme de homens negros, jovens e idosos, se reuniu na capital do país para a Marcha de Um Milhão de Homens,[2] não houve discussão sobre o amor. A palavra "amor" não foi evocada por nenhum orador de destaque. Repetidas vezes, quando falamos sobre a crise contemporânea na vida negra, as discussões sobre o amor estão ausentes. Esse nem sempre foi o caso. Ao longo da nossa história neste país, a liderança política negra radical emergiu de ambientes religiosos, independentemente de serem cristãos, islâmicos ou de caminhos espirituais menos reconhecidos. Para essas religiões, especialmente o cristianismo, o amor ocupa uma posição central.

O reverendo Martin Luther King foi um profeta do amor que pregava para a alma de pessoas negras e para nossos aliados não brancos em lutas por toda parte. Sua coletânea de sermões *Strength to Love* [Força para amar] foi publicada originalmente em 1963. Posteriormente, em 1967, em discurso para um grupo de clérigos antiguerra, ele declarou:

> Quando falo sobre amor, não estou falando de uma resposta sentimental e fraca. Estou falando daquela força que todas as grandes religiões viram como supremo princípio unificador da vida. O amor é de alguma forma a chave que abre a porta para a realidade irrevo-

---

2. Em inglês, Million Man March, convocada em outubro de 1995, em Washington, por Louis Farrakhan, líder do movimento Nação do Islã, para encorajar homens negros a melhorar suas comunidades. [N.E.]

gável. Essa crença hindu-muçulmana-cristã-judaica-budista sobre a realidade definitiva é resumida na primeira epístola de São João: "Amemo-nos uns aos outros, porque Deus é amor e todo aquele que ama nasceu de Deus e conhece a Deus".

Grande parte da ênfase de King no amor como princípio fundamental para guiar a luta pela liberdade estava direcionada a defender sua crença na não violência. Ainda que constantemente lembrasse as pessoas negras de reconhecer a importância de amar nossos inimigos, de não odiar as pessoas brancas, ele não deu tanta atenção à questão do amor-próprio e do amor comunal entre os negros.

Em um dos sermões mais comentados da coletânea, "Loving Your Enemies" [Amar seus inimigos], King explica e justifica o fato de incentivar as pessoas negras a amar nossos inimigos: "Embora detestemos a segregação, devemos amar os segregacionistas. Essa é a única maneira de criar a comunidade amorosa". No entanto, ele também falou diretamente à maioria branca, afirmando:

Aos nossos oponentes mais amargos, dizemos: "Desafiaremos a sua capacidade de infligir sofrimento com a nossa capacidade de suportar o sofrimento. Enfrentaremos sua força física com a força da alma. Façam conosco o que quiserem, e continuaremos a amá-los. Não podemos, em sã consciência, obedecer às suas leis injustas, porque não cooperar com o mal é uma obrigação moral tanto quanto cooperar com o bem. Joguem-nos na prisão e continuaremos a amá-los. Mandem seus perpetradores de violência encapuzados para a nossa comunidade à meia-noite, nos espanquem e nos deixem quase mortos, e ainda amaremos vocês".

Nada foi dito nessa coletânea sobre amar a negritude. King não abordou a questão de como os negros amariam o inimigo se não amavam a si mesmos.

Essa ênfase em pessoas negras amando nossos inimigos era o aspecto da agenda política de King mais criticado pelos radicais que abordavam a libertação dos negros de um ponto de vista mais militante. Repetidas vezes, Malcolm X alertou contra essa mensagem de não violência. Em seu discurso de 1964 à juventude negra sulista, ele disse: "Não ande por aí tentando fazer amizade com quem está privando você de seus direitos. Eles não são seus amigos, não, eles são seus inimigos. [...] Não vou deixar que alguém que me odeia me diga para amá-lo". Nas raras ocasiões em que Malcolm X falava sobre amor, ele abordava a necessidade de os negros mudarmos a maneira como nos víamos, chamando a atenção para o pensamento racista interiorizado. De modo geral, porém, ele não tinha muito a dizer a respeito do amor.

Subjacente aos ataques de Malcolm X e às críticas de outros líderes negros à filosofia da não violência de King estava a suposição de que o amor era para os fracos e desesperançosos. Homens de verdade cuidavam de assuntos mais importantes. As lideranças *black power* que vestiram o manto da autodeterminação negra — pessoas como Huey Newton, Elaine Brown e Kwame Ture (na época conhecido como Stokely Carmichael) — preferiram debates sobre a construção de uma autoestima saudável em vez de discussões sobre amor. À medida que o radicalismo negro se separava das raízes religiosas, tornando-se mais secular, as discussões sobre o amor foram cada vez mais silenciadas. De modo crescente, conforme a libertação dos negros se tornava sinônimo da criação de patriarcas negros fortes, o amor não podia mais ocupar um lugar central no movimento. Homens de verdade eram lutadores, não amantes. A liberdade, disseram ao mundo os líderes negros, estava relacionada ao desejo de poder, e não à vontade de amar.

Quanto mais a liberdade se tornava sinônimo de obter direitos iguais dentro da estrutura social existente, menos o amor fazia parte dessa equação. O acesso ao privilégio material tornou-se cada vez mais a ênfase da luta pela libertação negra. A autossuficiência econômica foi definida como a única medida de liberdade. Dessa forma, os líderes políticos negros mais agressivos e militantes, que defendiam a violência, na verdade não tinham uma agenda tão radical quanto a que King descreveu em seus escritos. A insistência deles na luta violenta não era para mudar a ordem social existente, mas para conquistar poder e privilégio dentro do sistema. Em vários sermões de *Strength to Love*, King advertiu contra os potenciais males do capitalismo, chamando a atenção para o perigo de amar mais o dinheiro do que a liberdade. De maneira inequívoca, afirmou: "Argumento, ainda, que o amor pelo dinheiro é a raiz de muitos males e pode fazer um homem se tornar um materialista bruto". É óbvio que King não fazia ideia de que os negros um dia ganhariam acesso à riqueza material explorando a negritude de forma semelhante à cultura dominante. No entanto, em discursos e sermões proferidos pouco antes de ser assassinado (muitos deles reunidos na antologia *A Testament of Hope* [Um testamento de esperança]), ele se opôs veementemente ao imperialismo, ao militarismo e ao capitalismo, exigindo uma transformação radical da sociedade.

Com visão profética, King percebeu que uma ética do amor era essencial para qualquer desafio significativo à dominação. Em seus últimos trabalhos, estava menos preocupado em ensinar os negros a amarmos nossos inimigos do que com a ameaça de corrupção moral representada por nossa adesão ao hedonismo materialista, que, ele acreditava, desencadearia uma crise espiritual na nação. Sua visão era premonitória. Ao descrever a situação atual dos negros em *Prophetic Reflections* [Reflexões proféticas], Cornel West afirma:

> Há divisão e diferenciação de classe crescentes, criando, por um lado, uma classe média negra significativa, altamente ansiosa, insegura, disposta a ser cooptada e incorporada ao grupo que detém poder, preocupada com o racismo, desde que imponha restrições à mobilidade social; e, por outro, uma vasta e crescente classe baixa negra que engloba uma espécie de niilismo ambulante de dependência química generalizada, homicídio generalizado e um aumento exponencial de suicídios. Agora, com a desindustrialização, também temos uma classe trabalhadora industrial negra devastada. Estamos falando aqui de uma tremenda falta de esperança.

West não chega a mencionar o crescimento das elites negras, indivíduos ricos que têm acesso sem precedentes à grande mídia e que, como produtores e formadores de cultura, promovem valores em detrimento da sobrevivência coletiva dos negros. Para proteger os interesses de sua classe, muitas vezes os indivíduos fazem parecer que capitalismo negro é o mesmo que autodeterminação negra. Ao abraçar e projetar o individualismo liberal como o único caminho para o sucesso, eles minam uma visão de bem-estar coletivo, que necessariamente requer compartilhamento de habilidades e recursos.

Mais que quaisquer outros indivíduos, pessoas negras ricas, por meio de palavras e ações, encorajaram a grande massa de mulheres e homens negros a cultuar o dinheiro. O vício do materialismo não faz distinções de classe. Mas os impactos desse vício são diferentes para pessoas de classes diferentes. Uma celebridade negra rica, esportista ou da indústria da música, que compra carros extravagantes, roupas de grife, drogas e assim por diante, não precisa explorar os outros. No entanto, os negros pobres e de classe baixa que se voltam para a venda de drogas como meio de adquirir bens materiais exploram pessoas de suas comunidades. Um negro rico viciado em drogas ou álcool tem fácil acesso a todo um setor terapêutico que pode oferecer ajuda e assistência. Negros pobres e oprimidos que abusam dessas substâncias geralmente não têm recurso algum. Suas tentativas de imitar o estilo de vida dos ricos e famosos costumam ter consequências trágicas.

Não importa qual seja a nossa classe, pessoas negras que adoram dinheiro não estão interessadas em uma ética do amor. Esforçar-se pela autossuficiência econômica é um objetivo digno e necessário para todo mundo. Estar economicamente no controle de seus recursos é um aspecto importante da autoestima saudável. Mas valorizar os bens materiais acima de tudo cria uma crise espiritual. Essa crise foi dramatizada de maneira intensa na premiada peça *O sol tornará a brilhar*, de Lorraine Hansberry. Após a morte do pai, Big Walter, a família Younger deve decidir o que fazer com o dinheiro que recebe do seguro. O filho adulto, Walter Lee, quer usar o dinheiro para abrir uma loja de bebidas. Sua mãe, Lena, confronta-o e pergunta: "Desde quando o dinheiro se transformou em vida?". Escrita no fim dos anos 1950, essa peça representou a transição que nós negros estávamos fazendo conforme ganhávamos maior mobilidade social. Os valores não comerciais do comunalismo e da partilha de recursos, simbolizados pela família extensa, foram substituídos pelo individualismo liberal. Walter Lee não está preocupado com o bem de toda a comunidade; ele quer para si o sucesso capitalista. Quando Lena adverte contra a venda de uma substância viciante, ele zomba dela.

Profeticamente, Hansberry previu o impacto negativo que o culto ao dinheiro e a aceitação do vício teriam na vida negra. Em sua peça, os valores não comerciais prevalecem, ainda que não tenham prevalecido na vida de muitas pessoas negras. Hansberry não chega a mencionar o amor em *O sol tornará a brilhar*; no entanto, criticou a ênfase que, de forma indevida, foi dada à obtenção de sucesso material em sua família e na vida negra em geral, acreditando que não nos concentramos no amor em detrimento de nós mesmos. Em um trabalho autobiográfico, ela descreve sua família: "Sobre o amor e os meus pais há pouco a ser escrito: a relação deles com os filhos era utilitarista. Eles nos alimentaram, abrigaram, vestiram e proveram com mais dinheiro do que nossos pares tinham, e isso foi tudo. Não éramos pessoas amorosas". Ela reconheceu que, no mundo em que foi criada, o importante era ter sucesso material.

Discutia-se, na época de Hansberry, se o impacto desumanizador do racismo impossibilitava ou não que pessoas negras amassem. Seu querido amigo e camarada James Baldwin esteve muitas vezes à frente desses debates. Suas brigas com o colega romancista Richard Wright centravam-se, com frequência, na questão da desumanização. Wright acreditava piamente que pessoas negras eram incapazes de amar por causa das cicatrizes emocionais infligidas pela opressão racista. Sabiamente, Baldwin insistiu que somos sempre mais do que nossa dor. Ele não apenas acreditava em nossa capacidade de amar como também achava que as pessoas negras estamos em situação peculiar para nos arriscarmos a amar, porque sofremos. No ensaio *Da próxima vez, o fogo*, escreve sobre a "resiliência espiritual" de pessoas negras: "Não pretendo fazer sentimentalismo à custa do sofrimento. [...] mas é impossível deixar de reconhecer que um povo que ignora o sofrimento jamais chegará à maturidade, nunca chegará a conhecer-se pelo que é". Baldwin, sem dúvida, ficaria chocado ao ver que muitas pessoas negras, hoje, não suportam sofrer de uma forma que as faça seguir o caminho do amor. Em vez disso, o vício difundido significa que o desejo de anestesiar o sofrimento é maior que a força do espírito que nos levaria a atravessar a dor e a encontrar nosso caminho para a cura. No ensaio "Where Is the Love" [Onde está o amor], June Jordan nos lembra que "é sempre o amor, se olhamos para o espírito de Fannie Lou Hamer ou para o de Agostinho Neto, é sempre o amor que levará a ação a novos lugares positivos".

O amor ainda é, para as pessoas negras, um caminho crucial para a cura. Ao olharmos em retrospecto, fica evidente que, se não criarmos uma base de amor para construir nossas lutas por liberdade e autodeterminação, as forças do mal, da ganância e da corrupção minam e, ao fim, destroem todos os nossos esforços. Não é tarde demais para as pessoas negras retornarem ao amor, para colocarem de novo as questões metafísicas comumente levantadas por artistas e pensadores negros e negras durante o auge das lutas por liberdade — questões sobre a relação entre a desumanização e nossa capacidade de amar, sobre o racismo internalizado e o auto-ódio.

A ênfase contemporânea no ganho material como a chave para curar nossa crise desviou a atenção da necessidade de crescimento emocional e de acolhermos com mais entusiasmo a arte e o ato de amar. A canção "What's Love Got to Do with It" [O que o amor tem a ver com isso], de Tina Turner, deu expressão popular ao afastamento de uma ética do amor. Muito da cultura hip-hop promove o materialismo hedonista, incorporando uma essência charmosa a tudo o que está associado à obtenção de riqueza. Assim como a cultura em geral, a massa de pessoas negras agora olha para o sucesso material como a única medida de valor e de significado da vida. Embora não precisemos amar para obter grandes riquezas, sem uma sólida fundação emocional o privilégio material se corrompe facilmente. O acesso ao privilégio material nunca satisfará as necessidades do espírito. Esses desejos ardentes persistem e nos assombram. Procuramos satisfazer essa ânsia no consumo interminável, apetites que facilmente se transformam em vícios que nunca podem ser satisfeitos. As necessidades do espírito só podem ser atendidas quando cuidamos da alma. Nossos ancestrais sabiam disso. Somente uma política de conversão que nos faça retornar ao amor pode nos salvar.

Deixar que todas as pessoas negras e o mundo saibam que não podemos viver apenas de posses é crucial para nossa sobrevivência e nosso bem-estar coletivos. Fomos feridos no espaço onde viríamos a conhecer o amor. Nós sabemos disso. A falta de amor, tão abundante na vida negra, atravessando classes e circunstâncias, comprova isso. Ao falarmos de amor, proclamamos nossa humanidade plena e complexa. Martin Luther King nos exortou a lembrar que "o amor se transforma com poder redentor". Retornar ao amor, tornando-o uma questão central em nossos esforços de recuperação coletiva e cura, não é um afastamento da ação política. Se o amor não constituir a força que apoia nossos esforços para transformar a sociedade, nós nos perderemos.

Ao escrever sobre o modo como o ativismo *black power* começou a se mover em uma direção que era antiamor, Julius Lester compartilhou esta potente percepção em uma coluna para o jornal *The Guardian*: "Nosso amor pelas pessoas negras foi sufocado por nossa incapacidade de fazer tudo para tornar esse amor manifesto, e depois de um tempo não conseguíamos nem mesmo amar uns aos outros". Lester relembra, em um ensaio sobre a década de 1960, que "o movimento nos decepcionou, e nós nos decepcionamos". Ele compartilha a forte visão de que, se a luta pela libertação dos negros tivesse permanecido fiel à ética do amor, seu impacto positivo teria sido mais profundo e duradouro. Ao lembrar-se desse período, Maya Angelou ressalta que aquela não era uma época em que as pessoas negras estavam se afastando da dominação e se voltando para o amor. Em vez disso, ela escreve: "Homens negros falam sobre mudança quando o que eles realmente querem dizer [...] é troca. Eles querem assumir as posições de poder dos homens brancos". Sem mudar as estruturas de dominação, deixamos intocada a cultura da falta de amor.

O amor é profundamente político. Nossa revolução mais profunda acontecerá quando entendermos essa verdade. Só o amor pode nos dar força para avançar em meio ao desgosto e à angústia. Somente o amor pode nos dar o poder de reconciliar, redimir, o poder de renovar espíritos cansados e de salvar almas perdidas. A potência transformadora do amor é o fundamento de toda mudança social significativa. Sem amor, nossa vida não tem sentido. O amor é o cerne da questão. Quando tudo o mais desaparece, o amor sustém.

02.
nós usamos a máscara

Na diáspora, a relação da maioria dos negros com o amor foi moldada pelo trauma do abandono. Quer tomemos como base da nossa história psíquica os exploradores africanos que vieram para o chamado Novo Mundo antes de Colombo, quer consideremos os indivíduos livres que chegaram em pequenos grupos como imigrantes ou a grande população de pessoas negras que foram escravizadas e trazidas para cá contra a sua vontade, esse é um contexto emocional repleto do drama da união e da reunião, da perda e do abandono. Sempre me pareceu particularmente significativo que os primeiros africanos que chegaram a esta costa tenham feito amizade com os povos indígenas que encontraram aqui, compartilhando recursos e conhecimentos, mas, por fim, tenham decidido voltar para casa. Eles valorizaram a cultura e as conexões que deixaram para trás mais do que qualquer coisa que encontraram no Novo Mundo. Dessa forma, não foram diferentes dos colonizadores espanhóis que viajaram no seu encalço. Escolheram vir e escolheram ir embora. Quando essa história de poder, liberdade e escolha é justaposta ao legado de impotência, escravidão e ausência de escolha, um contexto emocional complexo se revela.

Durante muito tempo, fomos ensinados apenas que nós, pessoas negras desta sociedade, chegamos a este país como escravos. Foram anos de progressiva luta antirracista até a criação de um impulso cultural suficiente para que emergisse uma imagem holística da nossa história nesta nação, uma percepção verdadeira e completa do nosso passado, sem manchas de preconceitos racistas. Independentemente de falhas e defeitos, o filme *Amistad* (1997) e toda a publicidade que recebeu globalmente lembraram ao mundo que nem todos os negros chegaram aqui como escravos. Quem somos como afro-estadunidenses, como negros em diáspora, nosso destino cultural, tudo isso foi moldado tanto por escravizados quanto por pessoas negras livres.

Autobiografias e biografias de pessoas negras escravizadas contam uma história coletiva de indivíduos emocionalmente devastados pela separação da pátria, do clã e da família. Naturalmente, essas histórias falam pouco sobre amor; nos dizem mais sobre a natureza do sofrimento e da mágoa do ser humano. Em seu perspicaz livro *A arte de amar*, Erich Fromm define o amor como uma fusão de cuidado, respeito, conhecimento e responsabilidade. Baseando-se nessa obra e ampliando-a, M. Scott Peck estende essa definição para incluir "a vontade de nutrir o próprio crescimento espiritual e o de outra pessoa". Essa compreensão do significado do amor deixa claro que, com muita frequência, a escravidão tornou quase impossível que pessoas negras amassem umas às outras. Quando laços emocionais eram estabelecidos entre indivíduos, quando crianças nasciam de mães e pais escravizados, esses afetos eram normalmente dissociados. A ternura da conexão não importava e muitas vezes era ofuscada pelo trauma do abandono e da perda.

As narrativas de escravizados documentam os esforços individuais de pessoas negras para normalizar a vida em uma circunstância anormal. Apesar da desumanização promovida pela cultura dominante da supremacia branca, pessoas negras escravizadas trabalharam com resiliência espiritual para fomentar uma subcultura na qual laços afetivos pudessem ser criados e sustentados. Duas das mais lidas narrativas de escravizados — a de Frederick Douglass e a de Harriet Jacobs — compartilham memórias detalhadas da tensão psicológica gerada pelas condições da escravidão. Em sua narrativa, Jacobs menciona um momento em que seu irmão mais velho, Willie, está dividido entre os laços familiares e as exigências da escravidão: "Um dia, quando aconteceu de meu pai e a senhora o chamarem ao mesmo tempo, ele hesitou entre os dois — perplexo, não sabia qual deles tinha mais direito a sua obediência. Finalmente concluiu que devia atender à senhora". Douglass insistiu, em sua narrativa, que "nunca conhecera o amor materno", mas compartilhou, no começo de sua história, que a mãe havia andado quilômetros para abraçá-lo quando criança, mesmo se arriscando a receber um castigo brutal.

Para Douglass, o amor de mãe era determinado pelo cuidado permanente, com o qual se podia contar. Em seu caso, o trauma da separação e do abandono dominou essas lembranças antigas de cuidado amoroso. Jacobs foi muito amada por sua avó. Esse afeto durou por toda a sua vida. Quando por fim escapou da escravidão, Jacobs escreveu: "Como aquele coração idoso, fiel e cheio de amor pularia de alegria se pudesse olhar para mim e meus filhos agora que somos livres!". É importante ressaltar que Jacobs concluiu sua narrativa com a seguinte declaração:

> Leitores, minha história termina com liberdade; não da maneira costumeira, com felizes para sempre. Meus filhos e eu agora

somos livres. Somos tão livres do jugo dos senhores de escravos quanto são os brancos do Norte [dos Estados Unidos], e embora isso não queira dizer muita coisa, segundo minhas ideias é uma enorme melhoria na *minha* condição. O sonho da minha vida está por se realizar. Ainda não estou com meus filhos numa casa própria, continuo sonhando com um lar que seja meu, mesmo que bem humilde. Desejo isso pelo bem dos meus filhos, muito mais do que por mim.

Como tantas outras pessoas negras que fizeram a transição da escravidão para a liberdade, mas que ainda eram convencidas pelas circunstâncias econômicas a passar a maior parte do tempo morando com pessoas brancas e trabalhando para elas, Jacobs desejava dar a seus filhos cuidado emocional permanente e nem sempre era capaz de lhes dar o amor que sabia que eles precisavam e mereciam.

Desde a escravidão até os dias atuais, as pessoas negras sentem as tensões dos conflitos entre necessidades de sobrevivência e demandas emocionais. Sem dúvida, isso em parte é o motivo que levou o historiador Leon Litwack à escolha do título de seu livro sobre a vida das pessoas negras do Sul na era Jim Crow,[3] *Trouble in Mind* [Problema na mente]. A sobrevivência em uma sociedade racista muitas vezes ditava que pessoas negras deveríamos nos ajustar a valores e costumes sociais que

[3]. Período de um século que se seguiu ao fim da Guerra Civil dos Estados Unidos, também chamada de Guerra de Secessão (1861-1865), durante o qual foram aprovadas leis de segregação racial em estados do Sul. Jim Crow é um personagem criado pelo ator branco Thomas D. Rice, que pintava o rosto de preto (*blackface*) como recurso para personificar os estereótipos associados aos negros. [N.E.]

o mundo branco nos impunha, o que frequentemente afetava nossa capacidade de ser amorosos. Crônicas da vida após a escravidão e até meados da primeira década do século xx mostram que as crianças negras recebiam com frequência mensagens confusas do pai e da mãe. Eram orientadas por eles a respeitar a si próprias e a outras pessoas, a cultivar boas maneiras, a dizer a verdade, mas depois eram compelidas por esses mesmos adultos a agir de modo diferente quando deparavam com a estrutura do poder branco.

O livro de Litwack é repleto de testemunhos sobre a confusão que as crianças negras enfrentavam quando tentavam viver dentro de um mundo que tinha dois códigos de comportamento. Muitas pessoas negras do Sul ainda vivas nos lembramos de termos sido severa e injustamente disciplinadas por pais que temiam por nossa segurança. Em várias famílias negras, os pais muitas vezes achavam ser preciso "abrandar o ânimo" da criança voluntariosa e criativa a fim de prepará-la para viver no mundo do apartheid racial. A brilhante escritora Zora Neale Hurston cresceu em um lar onde a mãe e o pai discordavam sobre a criação dos filhos. O pai temia que ela pagasse um preço por sua natureza rebelde. Ela se lembrava do que ele dizia: "As pessoas brancas não vão tolerar isso. Você seria enforcada antes de se tornar adulta". Ensinadas a aceitar a subordinação, como era esperado, crianças negras sentiam-se em estado de conflito psicológico. Por um lado, tínhamos que ter autoestima suficiente para buscar educação e progresso pessoal, mas, por outro, precisávamos que saber qual era nosso lugar e permanecer nele. Com demasiada frequência, pais e mães aplicavam disciplina e punição severas para ensinar às crianças negras qual era o seu "devido lugar".

Antes do movimento pelos direitos civis, a maioria dos pais e das mães achava que era um gesto de amor ensinar às crianças habilidades que lhes permitiriam sobreviver na cultura vigente do apartheid racial. Às vezes, isso significava ensinar hábitos que não estavam enraizados no amor. Destruir a autoestima de alguém não é um gesto de amor. Isso pode levar, e muitas vezes leva, ao que os psicanalistas contemporâneos chamam de "assassinato da alma". Sobreviver em uma sociedade racista exigia, e às vezes ainda exige, tanto acomodação quanto assimilação. Isso muitas vezes leva pessoas negras a desenvolver um falso eu, enraizado no fingimento e na negação de sentimentos genuínos. O poeta Paul Laurence Dunbar aludiu a esse falso eu quando escreveu que "usamos a máscara que sorri e mente". Muitas vezes, no entanto, o falso eu que as pessoas negras vestiam para sobreviver no mundo público dominado por brancos não era facilmente abandonado quando entravam de novo em seus ambientes privativos. A dependência de mentiras, subterfúgios e manipulações para sobreviver no mundo fora de casa muitas vezes se tornava o padrão de comportamento no lar. É importante ressaltar que muitas das estratégias de sobrevivência que as pessoas negras aprenderam e que lhes permitiram lidar com a vida em uma cultura racista não eram habilidades positivas quando aplicadas a relacionamentos interpessoais íntimos.

Nenhuma lição gravada na consciência da maioria das pessoas negras foi tão prejudicial para a vida familiar negra quanto a crença inequívoca de que a dominação e a subordinação eram uma ordem natural, de que os fortes deveriam dominar os fracos e os mais poderosos deveriam governar os impotentes a qualquer custo. Tal pensamento justificou a violência doméstica. Os homens que acreditavam, como a maioria deles acreditava, que as mulheres eram o sexo mais fraco, colocadas nesta terra para servir e obedecer ao sexo mais forte, frequentemente usavam agressão física para subordinar a parceira. No capítulo "Enduring" [Sofrendo], Leon Litwack documenta que a violência doméstica era comum: "Assim como os brancos, os homens negros são capazes de atacar mulheres apenas para exercer uma prerrogativa masculina e subjugar espíritos independentes". Com base na história de vida de figuras negras notáveis, como Benjamin Mays, Zora Neale Hurston e Louis Armstrong, que viram a mãe ou a madrasta ser repetidamente espancada por homens de seu convívio, Litwack relata que muitos casais negros foram capazes de sustentar casamentos duradouros, mas não sem "empregar várias estratégias para equilibrar as demandas do trabalho e da família".

Entre as famílias negras, a preocupação com a sobrevivência material muitas vezes impedia que o amor fosse priorizado. Cuidado e afeto eram em geral reservados para os mais jovens. No romance *Sula*, Toni Morrison retrata um diálogo fictício entre mãe e filha que revela como as noções de amor diferem entre as gerações: "A segunda coisa estranha foi Hannah ter entrado no quarto da mãe com uma tigela vazia e um celamim de Kentucky Wonders e dito, 'Mamãe, você já amou a gente?'". Um silêncio sucede essas palavras, então o diálogo continua: "Digo, já? Você sabe. Quando a gente era pequeno". A mãe, Eva, responde inicialmente dizendo: "Não. Imagino que não. Não do jeito que você acha". E, enfurecida, continua: "Você fica aí sentada em cima dessa sua bunda cheia de saúde perguntando se eu te amava?". Irritada principalmente por Hannah perguntar se ela já foi brincalhona com eles, Eva passa a falar sobre a luta pela sobrevivência:

Não tinha hora. Não tinha hora nenhuma. Nenhuma. Quando eu conseguia encerrar o dia vinha a noite. Com todos vocês tossindo e eu de olho pra tuberculose não pegar vocês e se vocês estavam dormindo sossegados eu pensava, Ó Senhor, eles morreram e botava a mão em cima da boca de vocês pra ver se o ar estava saindo como assim você pergunta se eu te amo menina eu fiquei viva por você que tal você enfiar isso nessa sua cabeça oca ou nisso aí que você tem entre uma orelha e outra, cadelinha?

Apesar de ser ficção, os sentimentos sobre o amor expressos nessa passagem ecoam os comentários autobiográficos de Lorraine Hansberry sobre seus familiares quando os descreveu como preocupados apenas com a sobrevivência material.

Várias pessoas negras sofreram carência material extrema antes que a luta pelos direitos civis alterasse a natureza do mercado de trabalho. Faz todo sentido gerações de pessoas negras terem aprendido a enxergar o cuidado com o bem-estar material de alguém como um gesto importante de amor. Como minha infância foi nos anos 1950, lembro-me de ouvir os adultos falarem sobre as relações avaliando se um homem sustentou ou não as mulheres e as crianças de sua vida. Embora nosso pai fosse um patriarca severo, exigente e que castigava, quando estávamos crescendo, mamãe sempre o elogiava por nos sustentar. Lembro-me de ter tido uma conversa com ela, no início dos anos 1960, sobre a natureza do amor, como o diálogo fictício entre Hannah e Eva Peace. Mulher adulta tentando entender "essa coisa chamada amor", eu estava observando de forma crítica meu relacionamento com meu pai. Falei para mamãe que não sentia que ele me amava. Ela me disse: "Claro que te ama. Ele cuidou de todas as suas necessidades todos esses anos". Lágrimas afogaram minhas palavras enquanto tentava explicar a ela que o amor era mais do que satisfazer as necessidades materiais de alguém, que estava relacionado a respeito, cuidado, conhecimento e responsabilidade. Naquela época eu era estudante de pós-graduação, lia filosofia e estudava psicologia. Sabia que amar era mais que cuidar das necessidades materiais.

Ao mesmo tempo, eu sabia que trabalhar arduamente e sacrificar-se para atender às necessidades materiais, para sustentar a família e os parentes, era um grande gesto de cuidado que não podia ser rejeitado como algo desprovido de valor. Muitas crianças negras que eu conhecia não tinham um pai que trabalhasse tanto e trouxesse dinheiro para casa não apenas para a comida mas também para agrados especiais. Nosso pai trabalhava duro para sustentar sete filhos. Como filho único sem pai presente, ele sempre precisou trabalhar. Sua mãe era severa e não muito carinhosa, mas eles eram profundamente ligados um ao outro. Quando ela estava morrendo, foi mamãe quem ofereceu a ela cuidado amoroso, lavando seu corpo doente e fazendo tudo o que ela quisesse e precisasse enquanto papai nos sustentava. Sustentar, de fato, não é suficiente, embora seja crucial.

Sem dúvida, na vida negra em todas as classes sociais, tendemos a dar muita importância ao bem-estar material, negligenciando nosso desenvolvimento emocional. Em seu livro de memórias *Colored People* [Pessoas de cor], o famoso estudioso negro Henry Louis Gates conta uma história reveladora sobre o desejo material. Quando ele estava crescendo, sua mãe ansiava por comprar uma casa. Ele recorda: "Mamãe chegou a acreditar desde cedo que a chave para a riqueza e o conforto nos Estados Unidos era possuir uma propriedade. Ela queria uma bela casa pela mesma razão que gostava de coisas de qualidade". Na cidade natal de Gates, como em tantos outros lugares nos Estados Unidos, os brancos tornavam difícil, se não totalmente impossível, que os negros adquirissem propriedades. Quando os anos 1960 chegaram, ele e o pai juntaram seus recursos financeiros e compraram a casa de uma mulher branca para quem sua mãe trabalhara. Mas ela resistia em se mudar para esse lugar. Ao explicar sua relutância, ela afirmou: "A sra. Thomas me fazia sentar na cozinha, junto de uma pequena mesa de madeira, e comer os restos. Ela era uma mulher má. [...] Ela me tratava mal. [...] Só de pensar em mudar para esta casa [...] Eu queria queimar esta casa". Eis um caso em que a dor do trauma lembrado não pôde ser amenizada por um presente material, independentemente do quanto era desejado. No entanto, quando lemos autobiografias e biografias de afro-estadunidenses, muitas vezes ouvimos histórias semelhantes — histórias em que o status material é oferecido como um bálsamo para espíritos feridos.

Quando identificamos o respeito (palavra oriunda do latim, que significa "olhar com atenção para") como uma das dimensões do amor, fica claro que olhar com atenção para nós mesmos e para os outros significa enxergar as profundezas de quem somos. Olhando para as profundezas, muitas vezes ficamos cara a cara com traumas e feridas emocionais. Ao longo da nossa história, os afro-estadunidenses despejaram energia na luta para alcançar bem-estar e status material, em parte para negar o impacto da ferida emocional. Na verdade, é mais fácil adquirir conforto material do que amor. Quando entrevistei o rapper negro Ice Cube há alguns anos e perguntei como ele lidava com a dor emocional, ele respondeu que "empurrava a dor goela abaixo". A repressão muitas vezes transforma a dor em raiva. Para negros de todas as idades, é mais aceitável expressar raiva que dar voz a necessidades emocionais.

Conversando recentemente com a jovem e famosa rapper Lil' Kim, perguntei sobre o amor em sua vida, e ela respondeu: "Amor. O que é isso? Eu nunca soube o que é amor". Abandonada pelos pais, que abusaram fisicamente dela, Kim não tinha como entender o amor, mas entendia a sobrevivência material por qualquer meio que fosse necessário. Seu comportamento em relação ao amor era cínico. Seu foco era conseguir mais dinheiro e fama. Ao ouvi-la, percebi que, para um indivíduo talentoso em nossa sociedade, é mais fácil passar da miséria à riqueza do que conhecer o amor. Usamos a satisfação do desejo material para negar a necessidade de amar e ser amado.

Celebridades negras mais velhas — pessoas como Ella Baker e Etta James — revelam em sua história de vida como a busca por amor muitas vezes se misturava com o desejo de fama e luxo material. Não é por acaso que a biografia de Etta James é intitulada *Rage to Survive* [Fúria em sobreviver]. Emocionalmente abandonada por sua mãe em tenra idade, James encontrou consolo em sua família adotiva. Dorothy, sua mãe, era uma mulher elegante e glamorosa. James lembra:

> Queria fazer parte do bom gosto e do estilo de Dorothy, mas não fazia. Eu não podia contar com ela. Ela nunca tinha uma palavra elogiosa. Elogio não fazia parte da maquiagem de Dorothy, ela me olhava como se eu fosse um incômodo. Ainda assim, toda vez que ela estava por perto, meu coraçãozinho começava a palpitar.

Criada por sua parente adotiva Mama Lu, Etta James recebeu amor. Em suas palavras:

Mama Lu tinha o espírito forte, mas o corpo fraco. Ela me deu todo o encorajamento amoroso de que eu precisava. Era minha tábua de salvação. [...] Foi a única adulta que tentou me entender. Era uma daquelas senhoras que conseguiam se colocar no lugar de uma menininha. Eu senti sua compaixão.

Quando essa adorável figura materna morreu, Etta ainda era uma menina e, mais uma vez, sofreu o trauma do abandono.

Toda pessoa negra conhece nas comunidades, durante a infância e a adolescência, indivíduos que foram abandonados por mãe e pai biológicos e criados por algum parente, em geral os avós. Muitas vezes, parentes que cuidam não dão aos filhos adotados a dedicação emocional necessária, mesmo que lhes ofereçam abrigo e satisfaçam as necessidades materiais. Cuidado amoroso permanente é necessário para ajudar a curar a dor do abandono emocional. Ao longo da nossa história nesta nação, as pessoas negras tentamos negar essa dor, tentamos agir como se ela não afetasse nossa capacidade de confiar. Sem confiança não pode haver intimidade e amor genuínos. No entanto, para aqueles entre nós que foram abandonados, é difícil, se não impossível, confiar. Para avançar em direção ao amor, devemos enfrentar a dor do abandono e da perda. Isso significa falar o que pode ter sido anteriormente inexprimível.

Tantos negros são gratos à família e aos parentes que os criaram que é difícil criticá-los de alguma forma. Sabemos bem que, em geral, as pessoas faziam o melhor que podiam, dadas as difíceis e muitas vezes severas circunstâncias. No entanto, para recuperar o bem-estar emocional, temos de ser capazes de enxergar o mal que surgiu nos ambientes familiares, assim como o bem que proporcionaram. Enquanto as pessoas negras normalizarem a perda e o abandono, agindo como se fosse fácil superar as feridas psicológicas que essa dor inflige, não estabeleceremos as bases necessárias para o bem--estar emocional que torna o amor possível.

03.
a questão do amor-próprio

Os ensinamentos religiosos sobre o amor compõem a base da compreensão da maioria das pessoas negras sobre o significado do amor. Embora vivamos experiências religiosas diversas, muitos de nós ainda escolhem se identificar como pessoas cristãs. Ouvir os mais velhos lerem o "Livro Sagrado" em casa ou escutar as Escrituras bíblicas na igreja era a primeira ocasião — às vezes, a única — em que se falava da metafísica do amor. Os dois grandes mandamentos referiam-se a amar a Deus e uns aos outros. Como frequentadores assíduos da igreja, meus colegas e eu fomos instruídos a ler e estudar todos os livros da Bíblia. Até hoje, lembro-me vividamente do prazer que senti ao ler o que me "ensinaram" ser o capítulo do amor. Na carta aos Coríntios, aprendi que ser uma pessoa amorosa significa ser bondosa, compassiva e saber perdoar. Aprendi que o amor era mais importante que a fé ou a esperança.

No entanto, a visão completa do amor evocada nas Escrituras não se concretizou na maioria dos lares. Ao escrever sobre a relação entre a experiência religiosa cristã e o amor no ensaio "The Mark of Churches" [A marca das igrejas], John Alexander nos lembra de que, em tese, a igreja não é apenas um lugar de amor; é onde aprendemos a amar. Entretanto, para cristãos de todas as raças, essas lições muitas vezes permanecem no nível da teoria, sem jamais alcançarem a prática. Alexander argumenta:

> Em vez disso, continuamos dedicando muito mais atenção ao nosso trabalho do que a amar os outros. Passamos mais tempo limpando a casa do que cuidando do relacionamento. Fazemos seja o que for e tendemos a não encontrar tempo para o amor.

Quando eu era criança, frequentemente chamava a atenção para o fracasso dos adultos em viver as crenças que adotavam na igreja.

A ternura e o afeto que associamos ao amor, conforme descrito nas Escrituras, eram oferecidos principalmente a crianças pequenas e homens adultos. Por ter crescido nos anos 1950, fui criada em um mundo onde as mulheres se esforçavam para agradar o marido, para ser o anjo do lar para o homem, que trabalhava arduamente no mundo cruel lá fora. Naquela época, havia lares em que o pai estava ausente, mas não havia lares nos quais uma figura de autoridade masculina adulta não estivesse presente. Em todas as famílias, independentemente de classe, as crianças mais novas podiam expressar uma ampla gama de emoções. Conforme envelhecíamos, era esperado que nos mantivéssemos inabaláveis, não expressássemos emoções abertamente. Querer muito carinho, verbal ou físico, era um sinal de que não havíamos crescido. Muitas vezes nos ensinaram que cultivar a capacidade de ocultar e mascarar emoções era importante para o processo de amadurecimento.

Em grande medida, quando crianças negras passávamos da adolescência para a idade adulta, esperava-se que nos desapegássemos de todas as noções de amor, com exceção do amor romântico. Assim como a mãe do romance *Sula*, de Toni Morrison, as mães de nossa comunidade estavam preocupadas em quitar as dívidas ou adquirir os símbolos do sucesso material. O amor nem sempre foi um interesse central. Como as mães brancas, as mães negras dos anos 1950 estavam tentando realizar o máximo possível do sonho americano. Recebiam a mensagem de que, como mulheres, tinham o papel de criar famílias nucleares harmoniosas. Seriados televisivos como *Leave It to Beaver, The Adventures of Ozzie and Harriet* e *Papai Sabe Tudo*[4] definem o padrão de como essa família deve ser. Nossas mães assistiram a esses programas, assim como nós. Nas famílias da televisão, não havia reclamações, gritos, brigas por causa de dinheiro. Tudo estava em ordem, todo mundo tinha um lugar. Muitas vezes avaliávamos nossa família negra com base nesses programas e descobríamos que ela era precária.

Nossas mães, ao contrário das brancas, precisavam tentar construir um lar em meio a um mundo racista que já havia selado nosso destino, um mundo desigual que esperava para nos dizer que éramos inferiores, não suficientemente inteligentes, indignos de amor. Nesse contexto, no qual a negritu-

---

4. *Leave It to Beaver* foi uma série de televisão exibida nos Estados Unidos entre 1957 e 1963. Centrada no cotidiano de uma família branca de classe média e narrado do ponto de vista de Beaver, um menino de oito anos, tornou-se um ícone da cultura popular do país. *The Adventures of Ozzie and Harriet*, por sua vez, começou como uma série no rádio e depois foi também filmada e transmitida na televisão entre 1952 e 1966. O enredo era a vida do ator e músico Ozzie Nelson e de sua esposa na vida real, a cantora Harriet Nelson, bem como dos dois filhos do casal, e muitas das histórias eram inspiradas em situações reais da família. *Papai Sabe Tudo* também teve seu início no rádio antes de ser transmitida na televisão — nos Estados Unidos, entre 1954 e 1960; no Brasil, nas décadas de 1960 e 1970. Mostrava a vida dos Anderson, uma família branca de classe média com três filhos. [N.E.]

de não era amada, as mães negras tinham a tarefa de construir um lar. Como anjos da casa, eram obrigadas a criar um mundo doméstico onde a resistência ao racismo era parte da teia da vida diária tanto quanto arrumar camas e preparar refeições. Não foi uma tarefa fácil, uma vez que o racismo internalizado significava que trazíamos os valores da supremacia branca para dentro de casa por meio do sistema de castas de cor. Todos sabiam que, quanto mais claro você fosse, mais sorte teria. E todos te julgavam com base na cor da pele.

Em algumas casas, como aquela onde cresci, mães e pais que sofreram por ter a pele muito escura rejeitavam os valores do sistema de castas de cor. Nossa mãe, de pele marrom e cuja mãe podia passar por branca, decidiu que seus filhos não julgariam o valor um do outro pela cor da pele. Quando éramos pequenos, ela nos ensinou a ver a beleza em nossa diversidade. Seus sete filhos tinham diferentes cores de pele e texturas variadas de cabelo; cada um tinha seu estilo e sua beleza únicos. Mas sua sabedoria materna não conseguia nos proteger do mundo fora de casa, o mundo que constantemente nos lembrava que preto não era uma cor adequada e que, quanto mais escuro você fosse, mais sofreria. Uma vez que crescemos em um mundo de apartheid racial, nosso senso de nós mesmos foi moldado pela negritude. Paradoxalmente, naquele mundo negro, vimos a negritude ser reverenciada e a vimos ser tratada como a marca da vergonha. O importante era que podíamos escolher como vê-la, e em nossa casa escolhemos a reverência.

Como a segregação racial era regra, íamos a escolas e igrejas exclusivas para pessoas negras. Todas as pessoas que respeitávamos, todas as nossas figuras de autoridade eram negras.

Por sermos crianças, não sabíamos quão limitado era o poder dessas pessoas quando se tratava de interagir com o mundo branco dominante. As famílias negras nos anos 1950, mais que em qualquer outro momento, esforçaram-se para criar uma vida doméstica na qual o racismo não fosse o determinante da interação e a infância pudesse ser uma época de inocência. Nosso pai e nossa mãe não falavam abertamente sobre racismo. O lar era o santuário, o lugar onde você podia se reinventar, independentemente do que era obrigado a suportar no mundo fora de casa. Quando nossa mãe chegava do trabalho como empregada doméstica em casas de mulheres brancas abastadas, ela falava muito pouco sobre o que acontecia lá. Sua alegria era estar em casa com a família.

Crianças nos anos 1950, aprendemos nossas maiores lições sobre raça com a televisão segregada. Era um lembrete constante de nossa diferença, de nossa condição de subordinados. Em 1959, o melodrama *Imitação da Vida*, de Douglas Sirk, foi o quarto maior sucesso de bilheteria. Ele criou a imagem da mulheridade desejável. Esse filme foi uma lição objetiva para as mulheres. Sua mensagem era evidente: uma boa mulher sacrifica tudo pela família. Como Susan Douglas ressalta em *Where the Girls Are: Growing Up Female with the Mass Media* [Onde as garotas estão: tornar-se mulher com a grande mídia],

> aqui temos Lana Turner como Laura, uma loira vadia e egoísta que está sempre se enfeitando na frente de um espelho e obcecada com sua carreira. Ela é [...] a mãe que, depois de experimentar um pouco de sucesso profissional, relega insensivelmente seu filho aos cuidados de outros para conseguir arrastar-se até o topo. A palavra "sacrifício" não significa nada para essa sanguessuga.

Garotas brancas e negras sabiam que não devíamos imitá-la. Devíamos ser como Annie, a empregada negra, servindo àqueles com quem nos importamos com amor e carinho infinitos — e sem reclamar. Sua filha, Sarah Jane, tenta escapar da negritude, evitando-a. Ao virar as costas para a negritude, Sarah Jane vira as costas para Annie. Certamente ela é punida. Depois que o mundo branco a usou e rejeitou, Sarah Jane volta à negritude e descobre que Annie morreu com o coração partido. Douglas escreve: "Em seu leito de morte, com os violinos e o coro de sopranos angelicais praticamente bombeando água em nossos canais lacrimais, Annie estabelece um novo padrão de autossacrifício feminino". O que pareceu ao espectador branco um novo padrão já era uma tradição comum e duradoura na vida negra. Annie deixa a maior parte de seus bens materiais para a filha desobediente, dizendo: "Quero que tudo o que ficou seja de Sarah Jane. [...] diga a ela que sei que eu era egoísta e, se a amei demais, sinto muito".

Aos nossos jovens olhos negros, foi Sarah Jane quem encarnou a nova e perturbadora imagem. Para os telespectadores negros, ela simbolizava uma nova geração rebelde que queria ter acesso às mesmas oportunidades que as brancas desejavam, incluindo um parceiro branco. Sua punição foi um aviso para todos nós; tinha por intenção manter-nos em nosso lugar. O filme termina com uma imagem de Sarah Jane correndo para o funeral, atirando-se no caixão de Annie e gritando: "Mamãe, eu não quis dizer aquilo, eu não quis dizer aquilo, você consegue me ouvir? Eu amava você, eu amava você". Essa figura trágica representa o destino de jovens negros arrogantes que saem do seu lugar. Sarah Jane não apenas "mata" sua mãe por ser rebelde como também perde a oportunidade de ter o único amor que esta cultura está preparada para deixá-la ter.

As figuras paternas estão ausentes em *Imitação da Vida*. O filme gira em torno de questões que eram vistas como relevantes principalmente para as mulheres: serviço e autossacrifício. Pura propaganda. A imagem de uma mulher amorosa, na ocasião, era uma mulher que dá a vida por aqueles com quem se importa. Mas, como o filme evidencia, nem todas as mulheres fazem essa escolha. E, embora muitas de nossas mães tenham trabalhado arduamente para realizar esse ideal, como recebedores desse cuidado muitas vezes enxergamos que seus sacrifícios não eram recompensados nem apreciados. O amor materno sacrificial foi, e continua sendo, um ideal valorizado na vida negra. Ao contrário da versão cinematográfica, mães que sacrificam tudo na vida real geralmente querem algo em troca, seja obediência a sua vontade, seja devoção constante, seja outra coisa. Muitas mulheres que sacrificam tudo são raivosas e amargas. Talvez expressem essa raiva no domínio e/ou no controle do comportamento dos filhos. Esforçando-se de maneira mais benigna para alcançar uma fantasia idealizada de amor materno, algumas mães negras, de fato, impediram o autodesenvolvimento de suas crianças ao não lhes ensinar a ter responsabilidade pela própria vida. Agora sabemos que isso não é um gesto de amor.

Quando o movimento feminista contemporâneo teve início, ele ajudou muitas mulheres a enxergar que o modelo sacrificial foi na verdade criado pelos patriarcas a fim de manter as mulheres subordinadas. Ajudou as mulheres a distinguir a mãe amorosa (o que exigia afirmar sua individualidade e seu livre-arbítrio responsáveis) de um modelo antiamoroso que exigia que as mulheres reprimissem todas as suas necessidades e seus desejos individuais para servir aos outros. Algumas mulheres ficaram perturbadas quando pensadoras feministas induziram todo mundo a reconhecer que a mulher abnegada raras vezes era genuinamente amorosa, ainda que suas ações pudessem parecer cuidadosas e carinhosas. Embora essas críticas tenham impactado a construção da personalidade e da identidade de mulheres mais jovens, em geral não mudaram a idealização da mulher que se autossacrifica na vida negra. Ainda se espera dela que seja o ideal desejado.

As mulheres negras que abraçam esse ideal geralmente contam as mais trágicas histórias sobre serem usadas, exploradas e abandonadas. Infelizmente, embora essas revelações mostrem que esse é um modo insalubre e destrutivo de viver, tal conhecimento não leva as mulheres a escolherem hábitos diferentes. Elas muitas vezes se apegam a esse modelo porque é a única imagem positiva disponível — e é constantemente reforçada pela grande mídia. O sucesso de bilheteria *Alimento da Alma* (1997) foi uma idealização e uma romantização modernas da mãe matriarcal. Por não atender a suas necessidades de saúde, a mãe heroína morre cedo e desnecessariamente. No entanto, o filme faz dela um ícone. A maioria das pessoas negras conhece mulheres assim, mas, coletivamente, as pessoas negras se recusam a reconhecer que a doação materna altruísta não é sinal de amor-próprio nem de força.

Muitas vezes, mulheres negras mais jovens reconhecem isso e se recusam a vestir o manto de mártir. A consciência delas de que a mulher que se sacrifica não leva a melhor está afiada. Sabem que ela não recebe amor de ninguém; gratidão, talvez, devoção, às vezes, mas amor, raramente. Recusando-se a ser como Annie, a mãe em *Imitação da Vida*, elas sentem que há mais a ganhar se agirem como a filha, Sarah Jane: narcisistas, interesseiras e egocêntricas, dispostas a qualquer coisa para conseguir o que desejam. É óbvio que não são mais capazes de amar do que quem cuida com sacrifício. Uma vez que o cuidado faz parte do amor, a cuidadora sacrificial tem alguma noção (ainda que incompleta) do que o amor exige. A mulher insensível, cínica, narcisista não tem compreensão alguma do amor.

De modo significativo, se é para mulheres negras escolherem o amor, devemos nos rebelar contra ambos os modelos de mulheridade desejável: a mártir sacrificial e a diva egoísta. Hoje, a cultura hip-hop muitas vezes idealiza a deusa fodona, disposta a qualquer coisa para conseguir o que quer, do tipo "o que você tem feito por mim ultimamente?". Mas nem a diva oportunista, gananciosa e egocêntrica nem a mártir maternal e resignada representam a mulheridade autoamorosa. Para escolher o amor, devemos optar por um modelo saudável de autonomia e de autorrealização femininas que seja enraizado no entendimento de que, quando nos amamos bastante (não de maneira egoísta nem narcisista), somos mais capazes de amar os outros. Quando temos amor-próprio saudável, sabemos que os indivíduos em nossa vida que exigem de nós martírio autodestrutivo não se importam com o nosso bem, com nosso crescimento espiritual. Com frequência, os homens exigem das mulheres negras que assumamos um papel de cuidado altruísta. No popular filme *Amigos Indiscretos* (1999), o personagem negro "estrela" do filme escolhe uma parceira que se sacrifica e é submissa em detrimento da colega que é autorrealizada, independente e que ele realmente ama.

Em sua maioria, os homens negros não são socializados para serem cuidadores, capazes de alimentar o próprio crescimento ou o crescimento de outra pessoa. O sexismo os ensinou a enxergar o amor, em especial o cuidado e o carinho, como tarefa da mulher. Quando entrevistei pessoas negras de todas as classes, perguntando se o pai e a mãe haviam demonstrado cuidados amorosos, grande parte dos entrevistados relatou ter recebido amor, em algum momento, de mulheres negras, mas raramente de homens negros. Mesmo aqueles de nós que foram criados em uma família nuclear composta de um casal parental descreveram o pai como emocionalmente distante e indisponível. Os homens negros emocionalmente fechados são com frequência representados como o epítome da masculinidade desejável.

A pose de durão é considerada bacana e sedutora. Personificada por rappers como Tupac Shakur, que foi assassinado, essa postura se tornou norma para a maioria dos jovens negros na faixa etária entre dez e vinte anos. Os homens negros que tentam viver de acordo com um código rigoroso de valentia masculina — e que abraçam essa identidade sem questioná-la — geralmente são levados a desvalorizar e destruir relacionamentos. Em seu perspicaz livro *Finding Freedom: Writings from Death Row* [Encontrar a liberdade: escritos do corredor da morte], Jarvis Jay Masters aborda a infinidade de maneiras como jovens negros vestem uma máscara de dureza para evitar reconhecer a própria vulnerabilidade emocional. Ser vulnerável é ser fraco. Jarvis conta a história de um colega preso que, ao saber que estava prestes a ser atacado no pátio da prisão, confrontou calmamente a morte, como se esse fosse um desfecho justo e o único possível para sua vida. Se lutasse até o último suspiro, ele poderia ser visto por seus pares como corajoso, pois era assim que parecia ser na superfície. Na realidade, ele estava sem esperança. Em uma carta que pediu que Jarvis entregasse a sua filha, esse preso disse:

Seu pai te ama. Quando você entender isso, minha vida conturbada provavelmente terá terminado. Mas certamente não o meu amor. [...] Por favor, saiba que sempre fui apegado a você e a mantive sempre em meu coração. [...] Por favor, perdoe-me por todos os meus erros. Eu não fui um pai de verdade para você.

Muitos homens negros conhecem a experiência de não serem "pais de verdade" para os filhos que geraram, pois falharam em criá-los.

Quando pergunto a homens negros de todas as idades sobre o lugar do amor em sua vida, eles expressam o desejo de receber amor, mas não falam se sabem ou não amar. Jovens negros e negras nunca saberão ser pais ou mães "de verdade" se não conhecerem nenhum cuidado amoroso ou nunca aprenderem em livros ou em qualquer outra fonte o que significa amar. Os ensinamentos religiosos já foram o meio pelo qual a maioria de nós aprendeu maneiras de pensar profundamente sobre o amor, mas o lugar desses ensinamentos foi usurpado pela grande mídia.

Em geral, a grande mídia nos diz que as pessoas negras não são amorosas, que nossa vida é tão carregada de violência e agressão que não temos tempo para amar. Nos meios de comunicação de massa, a imagem mais comum de uma pessoa negra demonstrando carinho é a representação da figura materna negra que se sacrifica. Quando *The Cosby Show*[5] foi ao ar pela primeira vez, muitas pessoas pensavam que o pro-

---

5. Seriado de televisão que esteve no ar de 1984 a 1992 nos Estados Unidos. Sua singularidade foi apresentar uma família afro-estadunidense de classe média alta. [N.E.]

grama era radical porque mostrava uma família negra da classe alta. Embora essas imagens fossem novas na televisão, todos os bairros tradicionais negros foram povoados por profissionais negros bem remunerados. Uma das realidades mais desconhecidas em nossa vida é que a integração racial continua sendo um fenômeno bastante recente. Ainda no início dos anos 1970, a grande maioria dos negros materialmente privilegiados vivia em bairros total ou predominantemente negros. A integração racial levou à saída de pessoas negras de áreas antes povoadas por pessoas de diversas classes. Apesar de ter sido criada em um lar da classe trabalhadora, sempre tive consciência do estilo de vida da classe alta negra em nossa comunidade. Somente quando a integração racial permitiu que esses indivíduos se mudassem para comunidades não negras mais ricas é que os negros pobres e da classe trabalhadora deixaram de conhecer intimamente como viviam seus semelhantes mais privilegiados. Na época da segregação racial total, pessoas negras materialmente ricas enviavam seus filhos para as mesmas escolas e igrejas que os menos privilegiados. Os pobres sabiam como era a vida real dos privilegiados e não precisavam romantizá-la.

Após a integração racial, com tantos negros endinheirados saindo de comunidades predominantemente negras, nasceu uma nova geração de crianças pobres, que muitas vezes não sabiam da existência de uma classe negra privilegiada nem como ela vivia. Eram essas pessoas que assistiam a *The Cosby Show* e acreditavam que o programa era baseado em pura fantasia. Para elas, o estilo de vida representado ali era estranho e, portanto, "não negro", uma vez que não conheciam nenhum negro que vivesse daquela maneira. Nesse sentido, a percepção que elas tinham da negritude era tão limitada quanto a de pessoas brancas racistas que assistiam a *The Cosby Show* e acreditavam ser pura ficção, porque nunca reconheceram a existência de profissionais negros — médicos, advogados e outros — nem souberam nada sobre como eles viviam. Até hoje, a grande maioria dos médicos negros é formada em instituições predominantemente negras. Em sua maioria, os brancos racistas sabem pouco sobre a existência dessas instituições, porque se recusam a abandonar seus estereótipos sobre o estilo de vida negro e se instruir. Estavam ansiosos para disseminar a noção de que o estilo de vida retratado em *The Cosby Show* era fantasia. Isso mostra as crescentes divisões de classe na vida negra, tanto que muitos negros também insistiam que a representação da vida familiar negra em *The Cosby Show* não era realista.

Ainda que o estilo de vida de classe média alta caracterizado nesse programa não fosse representativo — e nem poderia ser, já que a maioria dos negros é pobre e trabalhadora —, o mesmo vale para os programas que descrevem famílias brancas ricas como norma. No ensaio "In Memory of Darnel" [Em memória de Darnel], Sylvia Metzler, uma mulher branca, recorda com carinho sua amizade com um garoto negro de dez anos, do centro da cidade, que mostrou surpresa quando foi para os subúrbios e não viu lixo nem pichações. Ele queria saber: "Por que os bairros de negros são tão sujos e feios?". Ela teve a perspicácia de mostrar a ele bairros negros de classes média e alta, bem como bairros brancos pobres, de modo que os estereótipos que ele recebia de representações na grande mídia, assim como aqueles que havia construído a partir de seu conhecimento limitado, pudessem ser questionados.

A grande mídia tende a ignorar a diversidade da experiência negra. Os piores aspectos da vida negra são ficcionalizados na televisão e no cinema de modo a reproduzir os estereótipos de raça e classe. Antes de *The Cosby Show* desafiar a visão restrita da negritude apresentada na televisão, a série cômica *Good Times* (1974-1979) retratou uma família nuclear negra, pobre e trabalhadora que sempre se esforçava para criar uma ética do amor, apesar das dificuldades impostas pela pobreza e pelo racismo. Com muita frequência, o programa não conseguia questionar radicalmente os estereótipos. Em vez disso, o comportamento "engraçado" estereotipado do personagem J. J. fez dessa *sitcom* um sucesso. Suas palhaçadas, e não os esforços da família para ser amorosa, geralmente se tornavam o centro das atenções. *The Cosby Show* era uma alternativa revigorante porque a vida familiar enraizada em uma ética do amor era o foco central do seriado.

Os críticos muitas vezes detonam *The Cosby Show*, mas, apesar de suas muitas falhas, o programa continua sendo uma das poucas produções da grande mídia que representam e celebram uma família negra amorosa. Vemos pouquíssimas imagens de pais negros amorosos nos meios de comunicação. Tragicamente, muitas famílias negras, como outras famílias em nossa sociedade, não são amorosas, porque a falta contínua de recursos emocionais e materiais torna os ambientes desnecessariamente estressantes. Ao invés de ser um lugar onde o amor pode crescer, o lar se torna um terreno fértil para o desespero, a indiferença, o conflito, a violência e o ódio. Repito, isso não é sugerir, de maneira alguma, que as casas com privilégio material são necessariamente amorosas; a questão é que, quando as pessoas não estão lutando para superar a depressão causada pela escassez e a privação contínua, elas têm disponibilidade psíquica para se concentrar em amar, se quiserem. Ainda assim, pode-se escolher ser amoroso, não importa o status econômico. Quando as famílias pobres são retratadas na grande mídia, elas são sempre e somente descritas como disfuncionais — ambientes onde o amor está ausente e o comportamento tolo reina supremo. Um dos principais problemas que qualquer pessoa enfrenta quando se esforça para criar imagens afirmativas de pessoas negras amorosas que perpassem as classes sociais é a constante insistência para que as imagens da vida negra sejam realistas. Na verdade, as imagens dos estilos de vida de pessoas negras da classe alta são tão enraizadas em alguns aspectos da realidade quanto as de pobres e de classes mais baixas; simplesmente não são representativas. A maioria dos espectadores confunde os dois problemas. Imagens de pessoas negras amorosas são frequentemente consideradas pouco realistas, não importa a classe dos personagens retratados. Mesmo que uma grande maioria de negros destituídos, pobres e da classe trabalhadora possa achar mais difícil do que seus semelhantes mais privilegiados criar ambientes amorosos, o privilégio material não garante que alguém seja criado em um lar amoroso. Famílias negras amorosas existem em todas as classes. Ainda que não sejam a norma, todos se beneficiam quando nos mostram imagens — reais ou fictícias — de uma família amorosa. Ao se concentrar apenas em situações, simuladas ou reais, de falta de amor na vida de pessoas negras, a grande mídia participa da criação e da manutenção de ambientes de privação emocional na vida negra. Apesar de suas falhas, *The Cosby Show* e alguns dos seriados predominantemente negros que se seguiram ofereceram imagens novas e alternativas da vida familiar negra. Mais importante ainda: nessas séries, a vida familiar foi descrita como fundamentada em uma ética do amor.

O foco excessivo em imagens "realistas" levou a grande mídia a identificar a experiência negra apenas com aquilo que é mais violentamente depravado, empobrecido e brutal. No entanto, essas imagens são apenas um aspecto da vida negra. Mesmo que sejam norma em bairros de classe baixa, elas não representam a realidade da experiência negra, que é complexa, multidimensional e diversa. Por que a imagem da mulher viciada em crack, não amorosa, disposta a qualquer coisa para conseguir o que quer, é mais "real" do que a imagem da mãe solo, frequentadora da igreja, que recebe assistência social e se matricula em cursos universitários num esforço para mudar seu destino? Ambas as imagens refletem realidades que conheço, pessoas que conheço. O fato é que racismo, sexismo e elitismo encorajam os indivíduos a assumirem que a imagem negativa é mais "real"; indivíduos que abordam a negritude a partir dessa perspectiva tendenciosa têm interesse em apresentar a imagem negativa como norma. Fazer isso promove, perpetua e sustenta sistemas de dominação baseados em classe, raça e gênero.

Lembro-me de, quando garota, querer muito ver mais imagens de pessoas negras na televisão. Naquela época, eu não tinha destreza política suficiente para ponderar sobre a possibilidade de as pessoas com pensamento supremacista branco (como a grande maioria das pessoas desta cultura) serem imaginativas ou terem qualquer interesse em produzir imagens de pessoas negras que desafiassem os estereótipos. Quando cresci e me tornei crítica cultural, ficou evidente para mim que havia nisso uma contradição básica: ninguém que trabalhe de acordo com uma perspectiva da supremacia branca criaria imagens descolonizadas positivas dos negros. E isso inclui produtores culturais brancos, negros ou de outros grupos étnicos, assim como negros que internalizaram o racismo. A grande maioria das imagens de pessoas negras que vemos nos meios de comunicação de massa simplesmente confirma e reforça os estereótipos racistas, sexistas e classistas. Agora, todos nós sabemos que os estereótipos em geral existem em parte porque, quando um grupo dominante exige que qualquer grupo subordinado se comporte de certa maneira a fim de sobreviver, o grupo impotente assumirá essas características.

Uma pessoa branca que contrata uma empregada negra esperando que ela seja gorda e engraçada, como a Tia Jemima na caixa de panquecas,[6] provavelmente encontrará e escolherá esse tipo de pessoa. Lembro-me da minha surpresa quando aprendi, na graduação, que a imagem da figura da mãe gorda era, em grande parte, produto da imaginação branca e racista. O historiador Herbert Gutmann foi um dos primeiros estudiosos a chamar a atenção para o fato de que pesquisas mostraram que a mulher negra comum que trabalhava em um lar branco, após a escravidão, era geralmente uma menina jovem pouco desenvolvida, não a figura da mulher acima do peso exaltada pelos brancos. Tal figura existiu primeiro na imaginação branca, depois veio a realidade.

Pessoas negras descolonizadas e sensatas sempre conheceram o poder da representação. Logo, isso levou muitos atores negros ansiosos por sucesso no teatro, na televisão e no cine-

6. Aunt Jemima era uma marca de produtos para café da manhã, como mistura para panqueca e xarope de bordo, desenvolvida entre 1888-1889 e cujo rótulo estampava uma ilustração inspirada no estereótipo da *mammy* sulista, serviçal fiel e obediente que em geral fazia serviços domésticos e cuidava da família de seus senhores; na cultura brasileira, corresponderia ao estereótipo da "mãe preta". [N.E.]

ma a se recusar a desempenhar determinados papéis. O pai de Lena Horne, em seu papel de pai amoroso, reuniu-se com produtores executivos brancos para informar que sua filha não interpretaria uma empregada doméstica. O fato não era que esses negros acreditassem que trabalhar como empregada não fosse um trabalho respeitável; eles simplesmente sabiam que o tipo de empregada que a imaginação branca racista criaria para a tela seria subordinada de maneiras estereotipadas, que não eram verdadeiras em relação às experiências da vida real das mulheres negras.

Ironicamente, a integração racial trouxe consigo uma demanda maior por representação negra. De repente, os atores negros começaram a ser instados por agentes e publicitários, muitos deles brancos, a não olhar para os papéis do ponto de vista moral ou ético, mas simplesmente buscar a experiência e o dinheiro. Em pouco tempo, atores negros estavam dispostos a retratar personagens que correspondiam a todos os estereótipos racistas. Esse conluio com pessoas brancas racistas ajudou a perpetuar o racismo; ele o tornou aceitável. Basta dizer que uma imagem desumanizante da negritude é fiel à vida real para satisfazer quem protesta contra a constante reprodução dessas imagens. É óbvio que tudo se resume a dinheiro. Filmes mais recentes, como o tão celebrado *À Espera de um Milagre* (1999), oferecem a homens negros papéis principais que existem simplesmente para atender às necessidades de brancos não reconstruídos e desinformados. Nesse filme, um homem negro aguarda alegremente sua execução por um crime que não cometeu.

Quando se trata da questão do amor, a grande mídia basicamente representa os negros como não amorosos. Podemos ser retratados como engraçados, zangados, sexualmente atraentes, arrojados, bonitos, impudicos e enérgicos, mas raramente somos representados como amorosos. Apesar de seu poder como produtora e atriz, Oprah Winfrey, na maioria das vezes, não conseguiu criar novas imagens radicais da negritude. A ênfase está na palavra *novas*. De fato, a negritude é com frequência ridicularizada em seus programas. O trabalho que ela produz muitas vezes mostra indivíduos negros amando pessoas brancas e cuidando delas, mas raramente dando amor uns aos outros. Isso se tornou norma na televisão e no cinema. Quando personagens negros são afetuosos e carinhosos, em geral estão direcionando esse cuidado para pessoas brancas. Isso não surpreende, dada a realidade contínua da supremacia branca. É verdade que o serviçal negro que os brancos mais estimaram, da escravidão aos dias de hoje, é aquele que cuida deles enquanto negligencia a si mesmo. Essa imagem é mais bem evocada por Toni Morrison em seu primeiro romance, *O olho mais azul*, quando Miss Pauline rejeita a própria filha, Pecola, tratando sua família com desprezo e raiva enquanto despeja cuidado e reconhecimento na família branca para quem trabalha como empregada doméstica. Ela escolhe "amar" a garotinha branca enquanto nega reconhecimento e cuidado à própria filha.

Pense em quantas vezes nos sentamos em um cinema e assistimos a imagens racistas odiosas de pessoas negras retratadas na tela. A grande maioria das pessoas negras não boicota nem evita tais filmes. Eles se tornaram entretenimento no horário nobre. Essas imagens não ensinam o amor: reforçam a mensagem de que a negritude é odiosa e não amorosa. Quando os ensinamentos religiosos formavam o núcleo de nossa compreensão do amor, todas as pessoas negras foram admoestadas a amar a si mesmas e ao próximo como a si mesmas. A nova religião dos meios de comunicação de massa ensina exatamente o oposto: incentiva negros e negras a aceitarem a noção de que somos sempre e apenas não amorosos, dizendo que, quando tentamos amar, somos desencaminhados pela luxúria. Um exemplo perfeito disso é o filme *Amigos Indiscretos* (1999). Filmes que mostram famílias negras amorosas, antipatriarcais e afirmativas e romance heterossexual são raros e tendem a fracassar nas bilheterias; por exemplo, *O Matador de Ovelhas* (1978), *Sprung — Loucas de Amor* (1997) e, mais recentemente, *Irresistível Atração* (1998).

Nos filmes de Hollywood (*Os Donos da Noite* [2007], *Febre da Selva* [1991], *Um Mundo Perfeito* [1993], *O Dossiê Pelicano* [1993], *Falando de Amor* [1995], *Alimento da Alma* [1997], *Crooklyn — Uma Família de Pernas pro Ar* [1994], *Despertar de um Pesadelo* [1996], *Jackie Brown* [1997], *Tempo de Matar* [1996], *Homens de Preto* [1997] e *Independence Day* [1996], para citar apenas alguns), aprendemos que as pessoas negras trairão umas às outras; que os homens negros darão a vida para proteger os brancos, enquanto demonstram pouca ou nenhuma preocupação com familiares e amigos negros; que mulheres negras são maliciosas, castradoras e hostis, que devem ser mantidas sob controle da maneira como for necessário. Esses filmes nos ensinam que, se nos atrevermos a amar uns aos outros, nosso amor florescerá, mas não durará, e que o sofrimento, mais que o amor, é o nosso destino. Pessoas negras podem sofrer juntas, brincar e se divertir, mas o amor nos abandonará. É importante ressaltar: o que os personagens negros fazem de melhor na tela da televisão e do cinema é matar uns aos outros. A negritude representa a violência e o ódio.

Até que as pessoas negras, e nossos aliados no amor e na luta, nos tornemos militantes em relação ao modo como somos representados na televisão, nos filmes e nos livros, não veremos obras imaginativas que ofereçam imagens de personagens negros que amam. Se o amor não está presente em nossa imaginação, não estará presente em nossa vida.

Um filme voltado para a cultura jovem, *Slam* (1998), retrata um relacionamento amoroso e progressista entre um rapper negro e sua namorada afro-asiática. Em um momento de crise no filme, os dois personagens discutem, envolvidos em um conflito incrivelmente construtivo que os aproxima. Eles dialogam e se comunicam. Esse é um maravilhoso exemplo de imagens descolonizadas. Raramente casais negros são representados em um processo, em comunicação. Isso é cinema progressista. Entretém, desafia e mostra imagens novas.

A grande maioria dos negros que se identificam como cristãos ou como fiéis de outras religiões (islã, budismo, iorubá e assim por diante) precisa recorrer aos escritos sagrados sobre o amor e abraçá-los como guias que mostram como conduzir a vida. As Escrituras bíblicas dizem que Deus "colocou diante de nós vida e morte". Nossa fé e nosso destino como fiéis exigem que escolhamos o amor. Essa escolha deve ser afirmada mudando a maneira como consideramos os outros e a nós mesmos, as imagens que escolhemos para representar nosso mundo e as imagens que escolhemos endossar e valorizar. A negritude não pode representar a morte quando nossa escolha é a vida.

04.
valorizar-nos da maneira correta

Ninguém fala sobre o assunto "pessoas negras e amor" sem abordar questões de baixa autoestima e auto-ódio. Já é de conhecimento geral que o trauma causado pela supremacia branca e pelo ataque racista contínuo deixa feridas psíquicas profundas. Não importa se a questão é um doloroso sistema de castas na vida negra ou ações violentas usadas pelos brancos contra os negros (depreciação da fala, agressão física ou representação desumanizadora), todos os dias todas as pessoas negras encontram (como todo mundo) alguma expressão de ódio contra a negritude, reconheçamos ou não. Propensos a reconhecer expressões explícitas de ódio à negritude, todos tendem a ignorar constantes expressões dissimuladas — a observação depreciativa feita por uma pessoa aparentemente amigável, a representação racista estereotipada em uma revista ou em um outdoor. Ou a infinidade de vezes, em determinado dia, que uma pessoa branca pega o transporte público e fica em pé em vez de sentar-se ao lado de uma pessoa negra, mas senta quando um lugar fica vago ao lado de alguém branco. Em ambientes predominantemente negros, alguém talvez use casualmente a palavra *nigger*[1] ou fale em tom

---

[1]. Nos Estados Unidos, a palavra *nigger* é usada de forma pejorativa como insulto racista. Em alguns espaços, refere-se a *nigger* como *n-word* [palavra que

de brincadeira que pessoas negras são preguiçosas e não gostam de trabalhar. Todos esses incidentes são expressões do pensamento e da ação da supremacia branca na vida cotidiana e do ódio à negritude que ela tolera e perpetua.

"Supremacia branca" é um termo muito mais útil que "racismo" porque nos permite responsabilizar pessoas não negras por atos de agressão racial explícitos e dissimulados, além de olhar e questionar o modo como os negros internalizam o pensamento e a ação da supremacia branca. Tragicamente, a maioria das pessoas negras vivencia pela primeira vez as feridas resultantes do racismo na própria casa, quando seu valor é julgado, no nascimento, pela cor da pele ou pela textura do cabelo. Antes do surgimento dos movimentos militantes pelo poder negro que desafiaram a difamação de corpos negros usando o slogan *black is beautiful* [negro é lindo], a maioria dos negros simplesmente aceitava a noção de inferioridade estética em relação à branquitude. Desde o início de nossa história nos Estados Unidos, pessoas negras desafiaram de forma agressiva a noção de que, de algum modo, éramos intelectualmente inferiores aos brancos. Negros e nossos aliados brancos na luta chamavam a atenção constantemente para a capacidade intelectual e artística de pessoas negras, a fim de resistir a estereótipos racistas. A insistência da supremacia branca de que os negros eram preguiçosos e indispostos para o trabalho árduo não era internalizada por negros e negras, porque seu conhecimento experimental contrariava essa suposição; todos os dias

~~

começa com "n"], de modo que o termo não seja pronunciado, mas lembrado. Nesse sentido, movimentos como *black is beautiful* e *black power* lutaram pela ressignificação dessa expressão, e *black* passou a ser mais usado. No Brasil, não há um equivalente semântico direto para *nigger*. [N.T.]

eles viam pessoas negras trabalhando de sol a sol, às vezes até a morte. Mesmo ao enfrentar a instituição mais cruel do racismo — a escravidão —, a princípio em todas as frentes, pessoas negras escravizadas recusaram-se a abraçar noções brancas de nossa inferioridade; no entanto, isso mudou quando os racistas brancos distribuíram privilégios e recompensas com base na cor da pele. À medida que acontecia, isso não só distanciava negros e negras uns dos outros, criando um nível de receio e desconfiança que não existia quando todas as pessoas negras eram parecidas na cor da pele, mas também estabeleceu as bases para a assimilação.

As práticas de reprodução da supremacia branca por meio do estupro de mulheres negras por senhores brancos produziram descendentes mestiços cuja cor da pele e cujas características faciais eram, muitas vezes, radicalmente diferentes da norma negra. Isso levou à formação de uma estética de castas de cor. Embora brancos racistas nunca tivessem considerado pessoas negras bonitas, tinham grande consideração estética por negros e negras mestiços. Quando essa consideração tomou a forma de concessão de privilégios e recompensas com base na cor da pele, pessoas negras começaram a internalizar valores estéticos semelhantes. Para entender o sistema de castas de cor e seu impacto na vida de negros e negras, precisamos reconhecer a ligação entre o abuso patriarcal do corpo das mulheres negras e a supervalorização da pele clara. A formação supremacista branca de um sistema de castas de cor no qual a pele mais clara era mais valorizada que a pele escura foi obra de homens brancos patriarcais. Combinando atitudes racistas e sexistas, esses indivíduos demonstravam preferência pela raça de pessoas negras de pele mais clara que surgiu como resultado de sua agressão sexual ao corpo de mulheres negras.

Enquanto os homens brancos usavam o corpo de mulheres de pele mais escura como receptáculos de sua luxúria sexual violenta, sem criar união nem vínculos emocionais, seus laços biológicos com pessoas negras miscigenadas levaram à concepção de diversos sentimentos. Enquanto a iconografia sexista e racista considerava feia e monstruosa a mulher negra de pele mais escura, um novo padrão de avaliação surgiu para determinar o valor de mulheres de pele clara. A erotização estética da mulher negra de pele mais clara proporcionou a ela status mais elevado que o das mulheres mais escuras, criando um contexto sórdido de competição e inveja que se estendia muito além da escravidão. Como deve ter sido triste, para as mulheres negras escravizadas, perceber que estavam competindo entre si por pequenos favores! Assim como a desumanização por intermédio da objetificação do corpo de mulheres negras escravizadas foi liderada por homens brancos patriarcais, homens negros escravizados que abraçaram o pensamento patriarcal (sem dúvida, a noção de que as mulheres eram inferiores aos homens já estava arraigada em sua psique antes de chegarem ao chamado Novo Mundo, uma vez que as mulheres eram subordinadas aos homens na maioria das sociedades antigas do mundo inteiro) começaram a valorizar as mulheres negras de pele mais clara em detrimento das de pele mais escura. Os anais da história mostram que o homem negro de pele mais clara era frequentemente visto com desconfiança. Era considerado uma ameaça ao poder masculino branco. A mulher negra de pele mais clara era vista como mais propensa a afirmar e defender o poder masculino branco patriarcal. Como objeto do desejo masculino branco, ela era entendida como uma criatura que o homem branco podia subjugar à vontade.

Como estratégia de colonização, estimular os negros escravizados a abraçar e defender a estética da supremacia branca foi um golpe de mestre. Ensinar os negros a odiar a pele escura foi uma forma de garantir que, com ou sem a presença dos opressores brancos, os valores da supremacia branca ainda dominassem. Líderes negros patriarcais proeminentes que resistiram ao racismo em todas as outras frentes demonstraram preferência por mulheres de pele clara. Devido a suas ações, tornaram aceitável o sistema de castas de cor. Desde a escravidão até os dias atuais, crianças de pele mais escura em famílias negras correm o risco de não ser tão valorizadas quanto as mais claras. Ao longo da minha vida, o movimento *black power* dos anos 1960 foi o único contexto em que vi o sistema de castas de cor ser desafiado de maneira combativa.

Embora o slogan *black is beautiful* não pareça revolucionário hoje, antes da mudança radical nas hierarquias raciais era tabu manifestar publicamente a resistência militante à supremacia branca, denunciando as castas de cor. Os anos 1960 e o início dos anos 1970 foram a época em que os negros que trabalhavam com saúde mental começaram a falar abertamente sobre o modo como muitos de nós internalizávamos suposições racistas sobre a fealdade do nosso corpo. As intervenções criadas pela luta por direitos civis e pela resistência negra militante à supremacia branca efetivamente aumentaram a consciência e ajudaram muitas pessoas negras a se desfazerem do pensamento da supremacia branca. No entanto, assim como os líderes negros escravizados e recém-libertos mostraram nítida preferência pela pele clara, os líderes da nossa revolução militante fizeram o mesmo. Eles pregavam o amor pela negritude enquanto continuavam a dar tratamento preferencial às mulheres mais claras ou, em alguns casos, brancas. Nos anos 1960, a decisão de Malcolm X de se casar com uma irmã de pele mais escura, escolhida por seu mentor e líder Elijah Muhammad, tinha a intenção de servir de exemplo para outros homens negros.

Sem dúvida, a preferência masculina por parceiras de pele clara levou as mães negras a sentirem que, se dessem à luz a indivíduos de pele clara, sobretudo se fossem do sexo feminino, essa prole teria mais chance de sobreviver e ser bem-sucedida. O desejo de homens negros heterossexuais por parceiras de pele clara criava um clima de competição hostil entre mulheres negras de todas as tonalidades. O impacto negativo dos sistemas de castas de cor tem sido mais sentido pelas crianças. Sejam elas escuras ou claras, crianças negras são submetidas a um nível de vergonha psicologicamente traumático. As crianças se degradam mutuamente com base na cor da pele porque aprendem com os adultos que isso é aceitável. Seja uma criança de pele clara dominando um colega mais escuro, seja um grupo de crianças de pele escura zombando de um colega de pele clara e ridicularizando-o, o resultado pretendido é o mesmo: fazer essa pessoa sentir vergonha de suas características físicas. Isso fere o espírito da criança, não importa a cor de sua pele.

Coletivamente, pessoas negras já sabemos o que precisa mudar se quisermos erradicar por completo os sistemas de castas raciais. Muitas dessas mudanças (a valorização das diversas cores de pele, a escolha de imagens negras em tons variados nos meios visuais, a recusa a equiparar a pele escura com o mal e assim por diante), colocadas em prática pela militância em prol dos direitos civis, foram sabotadas por uma reação silenciosa liderada pela grande mídia dominada por brancos. Conforme víamos mais imagens de pessoas negras na televisão e nos filmes, a casta de cor determinava de várias formas a natureza de seus papéis. Pessoas de pele escura geralmente eram escaladas para papéis negativos; eram bandidos ou mulheres más — vadias e prostitutas. As pessoas boas eram sempre as mais claras. O cineasta negro Spike Lee chamou a atenção nacionalmente para o problema da casta de cor em *Lute pela Coisa Certa* (1988), mas o filme simplesmente reproduziu essa hierarquia de cores de pele; não a desafiou nem ofereceu uma nova visão. Com muita frequência, os meios de comunicação de massa controlados por pessoas negras têm investido tanto no sistema de castas raciais quanto na cultura branca dominante. Não importa a cor da pele de um cineasta: em filmes e vídeos de hoje, mulheres negras de pele escura provavelmente não serão escolhidas para nenhum papel, exceto o de negra má e demoníaca. Em *Todo Mundo em Pânico* (2000), filme feito por cineastas negros, a personagem feminina negra é descrita como odiosa e acaba sendo brutalmente atacada por um grupo de pessoas brancas. De fato, a fixação da mídia na beleza da pessoa mestiça levou à institucionalização, nos meios de comunicação de massa, de um sistema de castas de cor semelhante ao que reinou na era Jim Crow de apartheid racial nos Estados Unidos [c. 1876-1965].

A aceitação passiva do racismo internalizado se intensificou com a integração racial legal e a concomitante exigência de que os negros que quisessem ter sucesso "assimilassem" os valores e as crenças da cultura branca dominante. Tendo em vista que líderes negros estimados pela população foram assassinados, nosso movimento para pôr fim à supremacia branca acabou. Mudanças ocorreram (igualdade de acesso à educação, mais e melhores oportunidades de emprego) e, com elas, veio a suposição de que as pessoas negras não precisavam mais se envolver em protestos. No final dos anos 1970, negros e negras estavam prontos para relaxar e viver o sonho americano, como todas as outras pessoas. Não havia mais um movimento antirracista radical organizado para monitorar se todas as mudanças impactavam ou não de modo positivo a vida negra.

Por um lado, uma das mudanças mais sérias, a integração racial das escolas públicas, deu às crianças negras acesso aos mesmos parâmetros de conteúdo oferecidos às crianças brancas que frequentavam essas instituições; mas, por outro, isso significou que passamos a ser ensinados, na maioria das vezes, por professores brancos não esclarecidos e com perspectivas preconceituosas. Em geral, preconceitos racistas balizavam o conhecimento que as crianças negras recebiam; e, em um nível mais concreto, a política pessoal da supremacia branca poderia ser reencenada. As crianças negras mais recompensadas eram muitas vezes as mais dóceis e subordinadas. Quanto mais claras fossem, maior a probabilidade de serem tratadas pelos professores como capazes de um bom desempenho.

Nas escolas segregadas de ensino fundamental onde estudei, nenhuma criança negra era obrigada a sentir que a lealdade à raça era determinada por não gostar de fazer certo trabalho. Se alguém tocasse violino, estudasse francês ou gostasse de física, ninguém poderia zombar dizendo que essas paixões expressavam o desejo de ser branco, já que todos eram negros, inclusive os professores. Isso mudou com a integração racial. Na escola de ensino médio predominantemente branca, uma das minhas professoras brancas mais atenciosas e cuidadosas também me disse repetidas vezes que eu nunca teria um parceiro negro, porque eu era inteligente. Não havia homens negros nas turmas dos mais talentosos dessas escolas. Essa ausência não se devia ao fato de eles não serem inteligentes; era indicativa do desejo dos racistas brancos de manter homens negros longe do contato com mulheres brancas. Muitas vezes, em casa, diziam às crianças negras que elas precisavam elevar a raça, estudando muito e provando seu valor. Para não preocupar e chatear pai e mãe, crianças negras de todas as classes em geral não relatavam os vários ataques racistas que sofriam na escola. A integração racial logo passou a promover um ambiente com níveis elevados de humilhação racial e vergonha. A vergonha inviabiliza a autoaceitação e o amor-próprio.

Por ironia, conforme cada vez mais negros se beneficiavam economicamente das mudanças trazidas como resultado da luta pelos direitos civis, reduziram-se os esforços para transformar nossa cultura de maneira que eliminasse o pensamento de supremacia branca e oferecesse paradigmas de cura. A maioria dos pensadores negros reconhece que o auto-ódio internalizado está mais pronunciado agora do que quando a situação econômica de negros e negras era bastante pior — quando não havia integração sociorracial. Pessoas negras progressistas e nossos aliados na luta demoramos muito para aprender que a integração racial em si não mudaria as perspectivas da supremacia branca. Uma vez que indivíduos antirracistas não controlavam os meios de comunicação de massa, a mídia tornou-se — e ainda é — a principal ferramenta usada para convencer espectadores negros e negras, e todos os demais, da inferioridade negra.

Uma pedagogia do ódio racial chega até nós todos os dias pelos meios de comunicação de massa. As imagens de pessoas negras que vemos são, na maioria das vezes, degradantes e desumanas. Sem um movimento político antirracista organizado para questionar de maneira vigilante as distorções da mídia, elas se tornam norma. Ninguém faz um alvoroço quando a única criança negra no comercial de televisão é colocada em um papel estereotipado. Ninguém incita um boicote em massa a filmes que retratam homens negros como estupradores e assassinos brutais. Ninguém diz que os atores que aceitam com avidez papéis que retratam negros como irracionais, imorais e carentes de inteligência básica estão perpetuando a supremacia branca. No entanto, essas imagens ensinam às pessoas negras e a todas as demais — sobretudo às crianças, que não têm habilidade crítica — que pessoas negras são odiosas e indignas de amor, e também ensinam os brancos a temerem a agressão negra. Esse medo permite que pessoas brancas sintam que o tratamento desumano às pessoas negras na vida cotidiana é justificado. Uma mulher branca que agarra sua bolsa enquanto caminha na direção de uma pessoa jovem negra na rua transmite não apenas a mensagem de que teme por sua segurança mas também a de que vê todos os negros e negras como criminosos em potencial.

Vivemos numa sociedade em que diariamente nos confrontamos com imagens negativas da negritude. É preciso coragem e vigilância para criar um contexto em que o amor-próprio possa emergir. No momento em que reconheci em uma coletânea dos meus ensaios, *Olhares negros: raça e representação*, que pessoas negras estavam perdendo terreno coletivamente quando se tratava da prática do amor-próprio, defendi que renovássemos a luta antirracista de maneira que pudéssemos amar a negritude. No ensaio intitulado "Amar a negritude como resistência política", chamei a atenção para a realidade de que, para acabar com a supremacia branca, devemos criar condições não apenas para negros e negras amarem a negritude mas também para todos os demais amarem a negritude. Todas as pessoas negras que amam a negritude reconhecem que não é suficiente sermos descolonizados: as pessoas que não são negras com quem trabalhamos, que ensinam nossos filhos, precisam de uma conscientização que lhes permita ver a negritude de maneira diferente. Concluí aquele ensaio afirmando:

> Coletivamente, pessoas negras e nossos aliados somos empoderados quando praticamos o autoamor como uma intervenção revolucionária que mina as práticas de dominação. Amar a negritude como resistência política transforma nossas formas de ver e ser e, portanto, cria as condições necessárias para nos movermos contra as forças de dominação e morte e recuperarmos a vida negra.

Amar a negritude é mais importante que ter acesso ao privilégio material. Sabemos que muitos negros e negras bem-sucedidos assimilaram o pensamento da supremacia branca e sentem que eles e outras pessoas negras são indignos, ainda que vivam e ajam como se fossem a exceção à regra.

O problema acerca do amor à negritude ultrapassa a questão da raça. O foco em ataques racistas à autoestima negra muitas vezes nos leva a ignorar o impacto da classe. Embora saibamos que uma grande massa de pessoas negras é pobre, com frequência não associamos a disseminação da baixa autoestima entre os grupos não privilegiados com o modo como todas as pessoas pobres são desprezadas nesta sociedade e tratadas de acordo com essa situação. Quando uma maioria esmagadora de negros e negras era pobre porque a segregação racial nos negava acesso a empregos e avanço econômico, em nossas comunidades a pobreza não era fonte de vergonha. Na realidade, as famílias muitas vezes abordavam a falta de uma perspectiva global, comparando sua experiência de falta material com a de pessoas em outros países. Uma vez que a religião nos ensinou que Deus amava os pobres e oprimidos, entendemos que viver de maneira simples, quer tenhamos escolhido esse destino, quer não, era viver em harmonia com a vontade divina.

No passado, ao não vincular estigmas negativos à escassez material, pessoas negras efetivamente se recusaram a permitir que o status material determinasse valores substanciais. Em nossas igrejas, constantemente nos ensinavam que ser rico não era virtude, que era mais virtuoso amar o próximo e compartilhar recursos, que ganância era pecado. Conforme a igreja se tornava um espaço para a mobilidade de classe (à medida que evoluía de lugares de culto para empresas, instituições que exigem mais investimentos), esses valores deixaram de ser enfatizados. Quando essa realidade foi associada a um afastamento do ensinamento religioso como guia prático para a vida, negros e negras de todas as classes começaram a aceitar o pensamento capitalista consumidor, que equiparava valor a status material e espalhava a mensagem de que "você é o que compra". A grande mídia, que em sua maioria ignorava os pobres, mostrando-nos principalmente o fictício estilo de vida dos ricos, começou a dizer a todos que ser pobre era ser nada.

Mais que um ataque racial, rapidamente reconhecido por pessoas negras que resistem a ele, esse tipo de pensamento era desmoralizante. Também era terrivelmente perigoso. Ele ajudou a criar, em comunidades negras pobres e destituídas, um clima social no qual os indivíduos estavam dispostos a roubar, espancar e matar uns aos outros para obter itens materiais. Ajudou a propiciar a aceitação de uma cultura capitalista, de competição acirrada e baseada em drogas, em comunidades pobres onde valores fora do mercado, como compartilhar recursos e ser amigável com a vizinhança, que outrora foram norma, passaram a ser ridicularizados, zombados e praticamente apagados. Também favoreceu níveis sem precedentes de inveja mesquinha e hostilidade em comunidades onde as pessoas antes eram unidas pelo respeito às circunstâncias compartilhadas, estabelecidas na dificuldade.

Em geral, as pessoas culpam as drogas pelo colapso moral das comunidades pobres. No entanto, drogas, tanto as pesadas quanto as leves, sempre estiveram presentes na vida negra. O contexto social no qual eram usadas enfatizava o prazer, e não a fuga da desumanização e da dor. Quando pessoas de qualquer raça que são pobres e destituídas são levadas a sentir que realmente não têm o direito de existir porque lhes faltam os bens materiais que dão sentido à vida, esse clima imoral é o que prepara o terreno para o vício generalizado. Nos últimos anos, a pobreza foi descrita como crime contra a humanidade, mas pessoas pobres de todas as raças são vistas como criminosas e tratadas dessa maneira. Essa desmoralização envergonha; cria depressão, desespero e o perigoso niilismo que ameaça a vida, e do qual os líderes negros falam; estabelece as bases emocionais para o vício generalizado.

O vício não está relacionado a parentesco; por isso, ele destrói a comunidade. Cria uma cultura predatória, em que os indivíduos se olham com medo e aversão. Em famílias negras nas quais prevalece o vício em drogas como heroína, cocaína e crack, os laços afetivos e de cuidado são diariamente destruídos. O vício não reconhece classe. Enquanto negros materialmente privilegiados são capazes de negar e encobrir o impacto negativo do abuso de substâncias em sua vida familiar, a devastação emocional é mais facilmente visível na vida de pessoas pobres de classe inferior. Sabemos que, em todas as classes sociais, pais e mães viciados em drogas com frequência negligenciam as crianças e abusam delas, às vezes tornando-as o objeto de uma raiva profunda e brutal. Há poucos lugares onde essa ferida é tratada, onde o estresse pós-traumático que indivíduos enfrentam é abordado em um ambiente terapêutico de cura.

Esses ambientes não resolveriam o problema da pobreza, mas tratariam de questões subjacentes acerca de autoestima e amor-próprio. É possível ser pobre e amoroso. A grande maioria das pessoas negras bem-sucedidas que vieram de famílias pobres e/ou da classe trabalhadora conhece essa verdade. Assim como o privilégio material não garante que qualquer um tenha amor-próprio, a pobreza não gera baixa autoestima e auto-ódio. Até que pessoas negras de todas as classes estejam dispostas a questionar atitudes negativas em relação aos pobres, a ganância continuará a ser a força que arrebata todas as nossas diversas comunidades. A ganância é sancionada por aqueles que estão no topo da hierarquia das nossas classes, e desce aos poucos. Os ricos que aceitam a exploração, o assassinato e a escravidão para manter sua riqueza não são diferentes dos pobres que exploram uns aos outros para satisfazer anseios materiais. A ganância fabrica o ódio. Se não questionarmos a política da ganância materialista, não conseguiremos criar na vida negra um clima que nos permita abraçar valores não mercantis.

Por experiência própria, pessoas negras sabem que, independentemente de nossas circunstâncias econômicas, podemos criar um ambiente permeado por uma ética do amor. Aqueles de nós cujas origens não são privilegiadas sabem disso intimamente, porque sentimos o amor naqueles lugares onde a abundância material era escassa. O amor está disponível para nós sobretudo porque é um valor não comercial. Podemos criar o amor onde quer que estejamos. Valorizar-nos da maneira correta significa entender que o amor é o único alicerce que nos sustentará tanto nos momentos de carência quanto nos de abundância.

05.
superar
a humilhação

Quando o filósofo Cornel West e eu finalizamos nosso livro *Breaking Bread: Insurgent Black Intellectual Life* [Repartir o pão: vida negra intelectual insurgente], palestramos muito juntos. Nessas palestras, muitas vezes enfatizamos a importância de uma ética do amor. Conversamos sobre a importância do amor-próprio. Em repetidas ocasiões, durante o momento de perguntas e respostas, as pessoas na plateia se levantavam e nos pediam para dizer mais sobre como nos tornarmos pessoas que amam a si mesmas. A prática do amor-próprio é difícil para todo mundo em uma sociedade que está mais preocupada com o lucro do que com o bem-estar, mas é ainda mais difícil para as pessoas negras, pois devemos constantemente resistir às percepções negativas da negritude que a cultura dominante nos incentiva a aceitar.

Dentro do contexto da supremacia branca, pessoas negras são frequentemente recompensadas por pessoas brancas racistas quando internalizam o pensamento racista a fim de se integrarem à cultura dominante. Por exemplo, um empregador branco que tem preconceito racial e transmite o pensamento estereotipado sobre pessoas negras a um possível futuro funcionário negro provavelmente selecionará para o trabalho uma pessoa que ou concorde com seus sentimentos, ou não os questione. Ao longo da nossa história nesta nação, todas as lutas antirracistas enfatizaram que a descolonização é o único caminho para que as pessoas negras possam ou desaprender o que os preconceitos racistas ensinaram a todo mundo nesta sociedade, desde o nascimento, ou resistir a esse aprendizado. Quando, diante de um recém-nascido negro, as pessoas imediatamente avaliam quanto esse bebê será valorizado a partir da sua cor de pele, o pensamento da supremacia branca está presente. Já se discutiu que o impacto negativo das castas raciais é o maior impedimento para a autoestima saudável das pessoas negras. Descolonizar a mente de modo coletivo significa que toda pessoa negra aprenderia a parar de julgar as outras com base na cor da pele.

Nem todas as pessoas negras aceitam passivamente o pensamento supremacista branco. No entanto, ele afeta a vida de todos nós. Devemos estar sempre vigilantes para que não acabemos avaliando uns aos outros usando um padrão de medida criado pelo pensamento supremacista branco. Com frequência, pessoas negras de sucesso trabalham em ambientes predominantemente brancos. Nesses ambientes, é possível que, muitas vezes, sejamos tratados por pessoas brancas como se fôssemos especiais, como se fôssemos diferentes de outras pessoas negras, que eles podem ver de maneira estereotipada. Esse tipo de comportamento visa quebrar nosso senso de solidariedade com outros negros e negras. Quando isso acontece, algumas pessoas negras geralmente internalizam a noção de que são "superiores" à maioria de seus colegas negros. Se tal pensamento prevalecer, elas muitas vezes se comportarão com o mesmo desprezo racial expresso pelas pessoas brancas racistas. É óbvio que essa é uma estratégia de (re)subordinação estabelecida para manter hierarquias raciais em cujo topo estão as pessoas brancas. Pessoas negras que têm amor-próprio se esforçam para se defender das tentativas empreendidas por colegas brancos de colocá-los contra os demais negros.

A descolonização é a base necessária para o desenvolvimento do amor-próprio; ela nos oferece as ferramentas para resistirmos ao pensamento da supremacia branca. O cerne da descolonização é o reconhecimento da igualdade entre os seres humanos, aliado à compreensão de que categorias raciais que estigmatizam negativamente a negritude foram criadas como uma ferramenta política da dominação branca imperialista. A maioria das pessoas negras primeiro confronta a supremacia branca no contexto da negritude, geralmente através de discussões e/ou respostas a nossa aparência. Uma vez que a lógica da supremacia branca é que negro é sempre ruim e branco é sempre bom, esse pensamento, no intuito de descolonizar, precisa ser rejeitado e substituído pela lógica da autoaceitação. Aprender a ser positivo, a afirmar-se, é uma forma de cultivar o amor-próprio, de intervir na humilhação racializada.

De maneira significativa, durante os piores períodos de segregação racial nos Estados Unidos, as pessoas negras eram mais conscientes da necessidade de manter a vigilância e resistir à internalização do pensamento supremacista branco. Tudo era segregado no mundo em que cresci. A maioria dos sulistas brancos esperava que as pessoas negras se comportassem de um modo que indicasse a anuência à subordinação. Na presença de pessoas brancas, era esperado de nós: não falar até falarem conosco; nunca questionar qualquer coisa que uma pessoa branca dissesse; sempre oferecer-lhes tratamento preferencial;

obedecê-las. A lista poderia continuar. As pessoas negras descolonizadas reconheciam não apenas que essas expectativas eram injustas mas também que, se nos conformássemos com elas, estaríamos aceitando e perpetuando a noção de que era nosso destino ser cidadãos de segunda classe. Nenhuma pessoa negra poderia escapar de trabalhar dentro das restrições impostas pelo patriarcado supremacista branco capitalista, mas, em todos os sentidos, as pessoas negras descolonizadas e progressistas encontravam meios para resistir.

A segregação significava que, em nossos espaços negros — as instituições que governavam nossas comunidades, como igrejas, escolas, clubes —, podíamos reivindicar plenamente a subjetividade que o mundo branco nos negava. Para alguns indivíduos inteligentes, era até possível viver e prosperar sem de fato encontrar a estrutura do poder branco. Como aqueles escravizados fugitivos (caribenhos,[8] renegados) que se tornaram insurgentes rebeldes, criando a própria cultura de liberdade como oposição, em lugares escondidos, houve em nossas comunidades negras indivíduos poderosos, que puderam nos oferecer maneiras libertadoras de pensar a negritude. Quando estávamos crescendo, minha mãe e meu pai tiveram o cuidado de criar, em nossa casa, um ambiente em que os estereótipos raciais eram sempre questionados. Minha mãe veio de uma família na qual sua mãe podia ser considerada branca e seu pai era muito escuro. Extremamente sensível aos conflitos que os sistemas de castas de cor originam, ela estava determinada a criar sua família

---

8. No original, *Maroons*, termo usado para nomear escravizados das Índias Ocidentais que fugiam do regime escravocrata. Nos dias atuais, usa-se "caribenhos". [N.T.]

em um ambiente em que todos seriam considerados iguais. Isso era importante porque nossa extensa família, assim como sua família de origem, era composta de indivíduos com vários tons e matizes. Sempre que algo negativo e estereotipado sobre a negritude aparecia nos meios de comunicação de massa, nossa mãe contrariava essa informação com uma afirmação constante de nosso mérito e nosso valor como pessoas negras. Lembro-me de assistir com mamãe a concursos de beleza em que todas as participantes eram brancas. Ela dizia: "Olhe para elas, elas não são nem de longe tão bonitas ou talentosas quanto você". Ou, se ela aprovava uma mulher branca, me incentivava a usar esse exemplo para melhorar.

Sem conhecer termos políticos sofisticados como "descolonização", nossa mãe entendeu de maneira intuitiva que trabalhar conscientemente para incutir autoestima positiva em crianças negras era uma necessidade absoluta. Seus valores foram reforçados por todas as instituições negras de nossa comunidade. Ironicamente, naquela época, todos enxergavam a falta de representação negra na grande mídia como um sinal de injustiça racial e de dominação da supremacia branca; mas, fazendo uma retrospectiva, nossa autoestima como pessoas negras era mais forte do que é agora, porque não éramos constantemente bombardeadas com imagens desumanas de nós mesmas. Quando assistíamos a programas de que gostávamos, como *Tarzan* ou *Amos 'n' Andy*,[9] estávamos sempre conscientes de que as imagens da negritude que víamos na tela haviam sido

---

9. *Amos 'n' Andy* era uma comédia de rádio, transmitida nos Estados Unidos nas décadas de 1930 a 1950, criada por comediantes brancos que representavam personagens negros de forma caricata, reforçando estereótipos racistas. Posteriormente foi transformada em série de TV, exibida entre 1951 e 1953. [N.E.]

criadas por pessoas que, como diria mamãe, "não gostavam de nós". Consequentemente, essas imagens tinham que ser vistas com olhar crítico.

Na minha própria família, essa vigilância crítica começou a mudar à medida que os frutos da luta pelos direitos civis se tornaram mais aparentes. A filha mais nova de mamãe assistia à televisão sozinha, sem vozes adultas ensinando-lhe a ter um olhar de resistência. No fim dos anos 1960, muitas pessoas negras sentiam que podiam relaxar e exercer seus plenos direitos como cidadãs desta nação livre. Uma vez que as leis dessegregaram o país, novas estratégias tiveram de ser desenvolvidas para manter as pessoas negras longe da igualdade, para mantê-las em seu lugar. Embora menos racista que antes, a televisão tornou-se o novo veículo da propaganda racista. As pessoas negras podiam ser representadas de maneira negativa, mas aquelas que desejavam que houvesse empregos para atores negros podiam ficar tranquilas. Nada impulsionou as lições de uma estética da supremacia branca mais que a televisão, um meio em que até mesmo as mulheres brancas de cabelos escuros tinham que se tornar loiras para obter sucesso.

Como a televisão explorou principalmente imagens estereotipadas da negritude, crianças muito novas, reféns dessas imagens desde o nascimento, absorveram a mensagem de que uma pessoa negra é inferior, indigna, burra, perversa e criminosa. Enquanto pais e mães negros bem-intencionados tentam neutralizar o racismo da cultura, afirmando a negritude em casa, seus esforços são facilmente prejudicados pela grande mídia. Quando crianças negras são autorizadas a assistir à televisão sem supervisão, comportamentos de supremacia branca são ensinados a elas antes mesmo de chegarem ao ensino fundamental. Para as pessoas negras, era mais fácil criar imagens positivas de nós mesmas quando não éramos diariamente bombardeadas por imagens negativas. Isso talvez explique por que pessoas negras individualmente superaram o terrível período da segregação racial com conceitos sobre si muito melhores do que os adotados por muitos jovens negros que nasceram quando a integração racial era uma norma mais aceita.

Antes da integração racial, pessoas negras eram mais atentas a salvaguardar a integridade da nossa vida em meio aos ataques racistas em andamento. Espaços separados também significavam que preconceitos racistas nos sistemas educacionais poderiam ser combatidos por professores negros sensatos. Aqueles que frequentaram escolas para pessoas negras nos anos anteriores à luta do *black power*, instituições que receberam o nome de importantes líderes negros (Crispus Attucks, Booker T. Washington, George Washington Carver, entre outros), foram educados em um mundo onde éramos valorizados. Embora estudássemos os mesmos conteúdos apresentados nas escolas para pessoas brancas, nossos professores acrescentavam informações sobre história e cultura negra. Como todos no sistema escolar eram negros, tínhamos modelos perfeitos. Ninguém duvidou de nossa capacidade de aprender, de ter notoriedade acadêmica.

O fechamento das escolas para pessoas negras nos obrigou a ingressar em instituições de ensino onde predominavam pessoas brancas, longe de nossos bairros, e causou uma tremenda crise psicológica. Outrora considerados cidadãos de primeira classe em nossas escolas tão acolhedoras, fomos conduzidos a outras instituições, onde éramos tratados como cidadãos de segunda classe, onde professores brancos nos viam como inferiores, selvagens, incapazes de ser iguais a eles. Quando um estudante negro se destacava academicamente, era considerado a grande exceção à regra e tratado por pessoas brancas como um animal de estimação negro. Nem psicólogos nem o conselho escolar estavam disponíveis (tampouco estão hoje) para ajudar as crianças negras a lidar com a realidade de mudar de escolas segregadas, onde éramos valorizadas, para escolas brancas, onde nossos professores nos viam apenas como um problema, e onde muitos deles realmente nos odiavam.

Poucas pessoas negras previram que a igualdade de acesso às instituições educacionais não teria impacto positivo se, nessas novas salas de aula integradas, estudantes negros tivessem professores que perpetuassem estereótipos racistas que nos incitassem a sentir vergonha e ódio da nossa raça. Com frequência, os professores brancos mais bem-intencionados ainda mantinham atitudes racistas, as quais expressavam abertamente. Quando minha bem-intencionada professora de teatro branca me disse que nenhum homem negro me amaria porque eu era "inteligente demais", ela não se via perpetuando um estereótipo racista sobre homens negros. Depois que saímos das escolas onde havia apenas pessoas negras, os estudantes negros talentosos "desapareceram". Eles sempre foram visíveis em nossas escolas para pessoas negras. Em casa, nossos pais falaram sobre esse tratamento injusto dispensado aos homens negros; pessoas brancas e racistas simplesmente não queriam meninas brancas talentosas sentadas ao lado de garotos negros.

Ninguém deu atenção às necessidades psicológicas dos garotos que, em outro momento, haviam sido reconhecidos como intelectualmente talentosos mas de repente foram forçados a retroceder. Um dos garotos negros mais inteligentes do meu grupo teve um colapso logo após a formatura. No entanto, na maioria das vezes, todos esses traumas psicológicos passaram despercebidos, e a dor resultante disso não foi tratada. Quando mostrávamos sinais de distúrbio psicológico em casa, ou medo de frequentar a escola apesar de outrora amarmos as aulas, éramos incentivados a aceitar a dor como parte da luta pelos direitos civis. Nossa missão era suportar as humilhações infligidas a nós a fim de elevar a raça. Ainda assim, isso não significou nem significa que não fomos feridos durante o processo.

Colocar nossa educação nas mãos de educadores não esclarecidos sempre foi perigoso — e ainda é. Os preconceitos racistas moldam com frequência tanto a informação que estudantes negros recebem nas escolas quanto a maneira como são tratados quando buscam o empoderamento, esforçando-se para se destacar academicamente. Em seu livro *The Power of Soul* [O poder da alma], Darlene e Derek Hopson contam esta história:

> Quando Derek estava entrando no ensino médio, ele queria fazer cursos preparatórios para a faculdade, mas, apesar de suas notas serem boas, um orientador branco do conselho estudantil o desencorajou a encarar esse desafio: disse a Derek que "fizesse algum trabalho manual para não ficar frustrado", querendo dizer que ele deveria buscar treinamento vocacional ou técnico em vez de acadêmico.

Como defensora amorosa de seu neto, a avó de Derek foi à escola e interveio, ajudando-o a seguir em frente. A história oral afro-estadunidense está cheia de narrativas desse tipo. Atualmente, muitos professores brancos podem ser gentis com estudantes negros e, ainda assim, direcioná-los para longe da excelência acadêmica. Essa bondade muitas vezes levou pessoas no exercício da parentalidade e estudantes a baixarem a guarda e não estar tão atentos para detectar preconceitos raciais quando eles surgem de almas bem-intencionadas.

Um exemplo perfeito de bondade equivocada aconteceu recentemente, quando uma jovem professora branca no Brooklyn, aparentemente bem-intencionada, deu à sua turma, na qual predominavam crianças negras, o livro *Nappy Hair* [Cabelo pixaim] para leitura. Quando pais e mães negros progressistas compartilharam com ela que não enxergavam esse livro como positivo, ela ignorou a crítica. Quando a grande mídia se concentrou no incidente, ninguém falou sobre as razões que levaram pais e mães negros a considerar aquela leitura inadequada. Ao contrário, foram descritos como se estivessem aterrorizando a professora bem-intencionada. Enquanto a imagem e a história dela se repetiam na televisão nacional e em revistas populares, pais e mães que protestavam contra a escolha do texto jamais foram entrevistados, e o ponto de vista dessas pessoas jamais foi ouvido.

Embora escrito por uma mulher negra bastante instruída, o livro infantil *Nappy Hair* glorifica o auto-ódio dos negros. Ainda que retrate de maneira precisa a provocação que muitas mulheres negras sofremos em relação ao nosso cabelo, ele apresenta esse significante negativo como positivo. *Nappy Hair* conta a história de uma garota negra de pele escura que é constantemente ridicularizada e zombada por todos por causa de seu cabelo. O livro faz a ofensa dolorosa parecer divertida. O tom é bem-humorado e espirituoso. Não há crítica à humilhação racializada, nem imagens alternativas. Depois de todos os ataques negativos a sua aparência, apresentados com humor, a garotinha pula de alegria no fim do livro. Na verdade, crianças negras que são humilhadas por alguém zombando de sua aparência não pulam de alegria. Elas ficam psicologicamente machucadas.

Às vezes, as maneiras como as crianças negras foram e são feridas pelo racismo se cruzam com outras feridas infligidas pela pobreza, pelo sexismo ou por outras práticas disfuncionais no interior da família. Crianças que crescem em um lar onde o abuso de substâncias ilícitas é comum estão sempre em risco. Ao longo da nossa história como pessoas negras nos Estados Unidos, tem havido tanta ênfase no racismo como uma força prejudicial à vida familiar negra que pouca atenção é dada a todos os outros fatores que podem afetar o desenvolvimento da autoestima positiva. A atenção às injustiças e às lesões graves causadas pelo racismo não requer que as pessoas negras ignorem todas as outras questões que afetam a psique. A humilhação tem sido um componente central do ataque racial, mas também é o cerne de todas as outras práticas desumanizantes.

Em uma cultura de dominação, humilhar os outros é um modo de afirmar poder coercivo e submissão. Na cultura popular negra tradicional, alguns tipos de humor promovem maneiras de provocar que, quando usadas inadequadamente, tornam-se formas de humilhação e vexame. Por exemplo, embora existam dimensões positivas para práticas culturais expressivas negras, como *signifying*,[10] há, com frequência, uma linha tênue

---

10. Na tradição afro-estadunidense, *signifying* diz respeito a práticas de deslizamento semântico e argumentação indireta com efeito retórico. Parte do princípio de que os interlocutores compartilham um conhecimento comum acerca daquilo a que a linguagem figurada em uso se refere. Ver Henry Louis Gates Jr., *The Signifying Monkey: A Theory of African-American Literary Criticism.* Nova York: Oxford University Press, 1989. [N.E.]

entre o humor engraçado, espirituoso e satírico, com intenção de entreter, e o humor usado como arma para depreciar e envergonhar. Crianças que são constantemente humilhadas não conseguem construir uma autoestima saudável. E, quando essa humilhação continua na fase adulta, muitas vezes leva a colapsos significativos na saúde mental.

Na antologia *Father Songs: Testimonies by African-American Sons and Daughters* [Canções do pai: testemunhos de filhos e filhas afro-estadunidenses], há muitas histórias de humilhação. Brent Staples escreve sobre o hábito de seu pai alcoólatra de se recusar a dar dinheiro aos filhos, fazendo-os implorar. Às vezes, eles conseguiam virar o jogo. Staples lembra: "Quando ele não se comunicava, era comovente como o espaço ficava vazio. A estratégia então era pegá-lo na frente de um de seus irmãos e humilhá-lo". Muitas críticas culturais novas e antigas foram escritas sobre a prática de *playing the dozens*.[11] Subjacente a esse jogo de insultos humorísticos sobre a mãe de algum jovem (em geral, são homens que jogam) está a ameaça da humilhação. Com frequência, mães matriarcais usam a vergonha como meio de disciplinar as crianças. Quem nunca esteve em um ambiente público onde diversas crianças estão correndo e se expressando de maneira alegre, enquanto uma criança negra solitária está sentada obediente e silenciosa? Talvez todo mundo comente quão bem-comportada essa criança é. O fato de que a disciplina autoritária severa

---

11. *Playing the dozens* [Jogar pesado] é uma prática comum entre os jovens afro-estadunidenses. Trata-se de uma "batalha de insultos", uma espécie de luta verbal. O artigo "Playing the Dozens", escrito em 1962 por Roger D. Abrahams, descreve a prática como um fenômeno folclórico observado na cultura (jovem) negra contemporânea. [N.T.]

possa ter produzido essa obediência poucas vezes é notado. Normalmente, quando a mãe negra usa em público agressões verbais duras e emocionalmente abusivas para disciplinar a criança, as pessoas ficam horrorizadas, mas é provável que essa mesma prática verbal tenha sido utilizada em casa para criar o comportamento "perfeito", a fim de que muitas pessoas admirem a criança silenciosa e obediente, que responde apenas quando abordada por uma figura de autoridade. A crítica inadequada é em geral uma dinâmica usada para envergonhar. Todas essas práticas prejudicam nossa capacidade de criar e/ou sustentar a autoestima.

Irônica e infelizmente, em muitos lares negros onde pai e mãe são antirracistas implacáveis, existem regimes de disciplina e castigo que espelham aqueles utilizados por supremacistas brancos para subordinar os negros. Algumas dessas práticas são abuso físico, agressão verbal, humilhação e a recusa a prover palavras de reconhecimento (o que pode incluir não elogiar nem demonstrar afeição). A agressão verbal é tão comum nas famílias estadunidenses de todas as raças que é considerada normal. Quer tenha sido normalizada ou não, sabemos que há consequências prejudiciais. Em meu livro sobre mulheres negras e autorrecuperação, *Irmãs do inhame*, falei que demonstramos amor na maneira como nos comunicamos, destacando que precisamos falar de forma calorosa e terna uns com os outros. Um discurso perverso e agressivo fere. Muitas mães responderam positivamente a essa parte do livro, atestando que é bastante fácil esquecer que palavras duras podem ferir e destruir o espírito.

Costuma-se supor que apenas mulheres e homens pobres atacam verbalmente seus filhos e filhas. Esses são, em geral, os pais que vemos gritando e reclamando publicamente. Mas a fala em alto volume e agressiva não é o único discurso prejudicial. Em lares materialmente privilegiados, as crianças podem ser depreciadas por pessoas no exercício da parentalidade que falam em tom calmo e monótono, mas, apesar disso, expressam sentimentos nocivos e prejudiciais. O silêncio também pode ser usado para humilhar e envergonhar. Um pai adulto que se recusa a dar atenção a uma criança quando ela fala transmite a mensagem de que a criança não é digna de atenção. Muitos homens usam o distanciamento silencioso para expressar poder sobre os outros.

No filme *Línguas Desatadas* (1989), de Marlon Riggs, um homem negro expressa esses sentimentos: "O silêncio é a nossa arma. O silêncio é o nosso escudo". Ninguém consegue ter amor-próprio se sua presença não é reconhecida e valorizada.

É importante ressaltar que a classe social não desempenha um papel significativo para determinar se uma criança será ou não considerada digna pelos pais e por cuidadores. Muitos negros de famílias pobres e da classe trabalhadora receberam uma base de amor e reconhecimento. Isso é crucial porque, sempre que se trata de famílias pobres, muitas pessoas escolhem ver a pobreza como a causa do abuso infantil. Sempre houve famílias amorosas que não tinham privilégio material. Crianças de todas as classes sociais são abusadas. Precisamos de estudos que documentem as estratégias manejadas pelos indivíduos nos lares sem privilégio material para cultivar cuidado e respeito em meio à adversidade. Com demasiada frequência, prevalece o pressuposto de que não se pode esperar que os pobres sejam cuidadosos. Ouvimos repetidas vezes que esses indivíduos têm preocupações demais para lidar com o desenvolvimento emocional de seus filhos. Tal pensamento, vindo inicialmente das classes dominantes, criou uma desculpa conveniente para que indivíduos sem privilégios justifiquem sua crueldade.

Conforme o vício em drogas se torna mais corriqueiro em lares pobres, ele cria circunstâncias que destroem o cuidado, mas o problema não está na pobreza, e sim no abuso de substâncias e em suas consequentes disfunções. Uma vez que tantas famílias negras são pobres e trabalhadoras, para nós é mais importante reconhecer e mostrar como a falta de privilégio material não precisa ocasionar carências emocionais. Não conheço nenhum trabalho recente que analise como as famílias pobres e da classe trabalhadora cultivam ambientes amorosos. A cultura predominante da supremacia branca sempre esteve e sempre estará primariamente preocupada em salientar o que não funciona nas famílias negras. Negros progressistas e nossos aliados na luta precisamos ter o trabalho de chamar a atenção para as diversas estratégias cuja finalidade é criar autoestima positiva em todas as famílias negras.

O cerne do amor-próprio é a autoestima saudável. Em seu livro esclarecedor *Autoestima e os seus seis pilares*, Nathaniel Branden define esses pilares como "a prática de viver conscientemente, da autoaceitação, da autorresponsabilidade, da autoafirmação, da intencionalidade e de viver com integridade pessoal". Entre essas práticas, a integridade pessoal é uma das mais difíceis, já que requer o compromisso de dizer a verdade. O mascaramento tem sido tão fundamental para a sobrevivência dos negros dentro da cultura da supremacia branca que nem sempre reconhecemos as maneiras como isso prejudica a autoestima. Basicamente, esse mascaramento nos convida a criar um falso eu, a deturpar e dissimular (isto é, assumir qualquer aparência necessária para determinada situação). Embora o mascaramento muitas vezes tenha sido crucial para a sobrevivência durante o período do apartheid racial, essas estratégias destroem nossa capacidade de sermos verdadeiros quando as adotamos na vida contemporânea. Nunca é demais afirmar isso. Uma vez que a masculinidade patriarcal também encoraja os homens a mascarar o que sentem como forma de manipular os outros, os homens negros, em especial, estão em risco; eles possivelmente serão recompensados por alienar-se de seus sentimentos. Criar e manter a integridade pessoal é difícil, sobretudo em uma cultura de dominação em que a mentira é recompensada. Em geral, em nossa nação, os cidadãos estão mentindo cada vez mais. Quando líderes políticos de alto escalão mentem e são recompensados, a mensagem enviada a todos os cidadãos é de que mentir é o caminho para seguir em frente.

Com frequência, pessoas negras que se esforçam para ter sucesso podem se sentir bombardeadas e em conflito quando as expectativas de colegas negros e da família diferem daquelas do mundo predominantemente branco em que trabalham. Esses indivíduos talvez construam um falso eu para progredir nesses dois mundos, o que produz um conflito interno prejudicial à autoestima. É importante notar que chegou a hora de as pessoas negras reivindicarmos corajosamente nosso direito à integridade pessoal e nos recusarmos a usar um falso eu. Em longo prazo, os indivíduos que traem a si mesmos, mascarando-se e fingindo, sofrem. Sua saúde mental e física é destruída no processo. Shirley Chisholm continua sendo uma das maiores líderes políticas negras, que sempre se manteve firme no que diz respeito à questão da integridade pessoal; foi por isso que ela deu a sua autobiografia o título *Unbought and Unbossed* [Incorruptível e insubordinável]. Politicamente, a dra. Joycelyn Elders teve que lidar com a rejeição por assumir uma posição corajosa em relação à sexualidade,[12] mas se tornou um exemplo heroico de integridade pessoal em uma nação onde os indivíduos estão dispostos a trair a própria crença para progredir.

A mãe de minha mãe, Sarah Oldham, não sabia ler nem escrever. No entanto, ensinou a todos nós que devemos sempre dizer a verdade, entendendo que "nossa palavra é o que nos une". Mulher trabalhadora, era vista por muitos como pobre ou indigente, porque não tinha renda além da que recebia trabalhando na terra. Mas era rica em espírito. Ela e nosso avô, Gus, seu marido por mais de setenta anos, nos ensinaram a importância de viver conscientemente, de assumir responsabilidades e de manter a integridade pessoal. Enfatizo isso para reafirmar que aqueles que não têm privilégio material podem ter acesso a riquezas espirituais e morais tanto quanto qualquer outra pessoa. Atualmente, os pobres são, em geral, representados na cultura dominante como pessoas sem valores morais, por isso nunca é demais afirmar que a pobreza não é uma indicação de crenças morais. Estigmatizar os pobres dessa forma é uma das maneiras comuns de atacar a autoestima coletiva dessas pessoas nesta sociedade.

Como grande parte da população negra é pobre, nossa autoestima coletiva é colocada em risco sempre que alguém

---

12. Entre 1993 e 1994, Joycelyn Elders foi cirurgiã-geral dos Estados Unidos, cargo mais alto da administração do serviço de saúde pública do país. Sua posição favorável ao aborto e à masturbação causou grande polêmica à época. [N.E.]

tenta insistir publicamente que os pobres são, de maneira inerente, inclinados à desonestidade e ao comportamento fraudulento. O vício disseminado em nossa sociedade se manifesta das piores formas em comunidades pobres porque aqueles que não têm recursos costumam explorar os outros para pagar por sua adição. O trabalho terapêutico mostra claramente que todos os adictos, independentemente de seu contexto de classe, são provavelmente desonestos. O vício leva à mentira. Todos os viciados sofrem uma perda de autoestima. É importante ressaltar que o vício deve ser efetivamente tratado nas comunidades negras, a fim de abrir caminho para o retorno ao amor.

O amor-próprio se expressa primeiro pela forma como cuidamos do nosso corpo. Precisamos nos esforçar para amar nosso corpo negro em uma cultura patriarcal de supremacia branca. Amar o corpo não significa simplesmente gostar da nossa aparência. Significa cuidarmos do bem-estar desse corpo, comendo adequadamente, exercitando-nos e evitando todos os vícios, inclusive o de comida. Nenhum acontecimento na grande mídia representou tão bem o quanto a comida é um consolo na vida de pessoas negras como o filme *Alimento da Alma* (1997). A matriarca da família não apenas sofre de diabetes, doença da qual ninguém precisa morrer, como negligencia sua saúde cuidando dos outros. O filme mostra isso sem fazer nenhuma crítica significativa. Depois de sua morte, os sobreviventes não mudam sua dieta, apesar de termos visto os problemas de saúde e as trágicas consequências da alimentação inadequada. No livro *Feeding the Hungry Heart* [Alimentando o coração faminto], Geneen Roth oferece um dos relatos mais perspicazes de como recorremos à comida para nos consolar, para nos dar o conforto que pode faltar em nossos relacionamentos afetivos. Grande parte do trabalho sobre transtornos alimentares em nossa cultura concentra-se apenas no dilema das mulheres brancas; portanto, há pouca pesquisa publicada sobre afro-estadunidenses e compulsão alimentar.

Muitas doenças e afecções potencialmente fatais que atingem as pessoas negras de forma desproporcional (diabetes, hipertensão arterial, doenças cardíacas e insuficiência renal, para citar apenas algumas) podem ser evitadas com um bom tratamento preventivo. Isso inclui uma dieta saudável. Todas as pessoas afro-estadunidenses podem expressar sua autoestima, em primeiro lugar, cuidando do próprio corpo. E a saúde mental é tão crucial quanto o bem-estar físico. De fato, estão inter-relacionados. A terapia é uma abordagem acessível para a cura. Repetidas vezes, encontro pessoas negras que relutam em procurar cuidados de saúde mental quando enfrentam problemas emocionais. Apesar disso, cada vez mais pessoas negras buscam ajuda profissional para sanar dores emocionais. Esse é um gesto de autoestima saudável. Historicamente, a terapia tem sido vista por negros e negras de maneira suspeita. Suspeitar da terapia era um comportamento enraizado na realidade concreta de que muitos profissionais de saúde mental tinham preconceitos racistas, sobretudo terapeutas brancos. À medida que mais consciência racial está presente em profissões terapêuticas, mais pessoas negras escolhem a terapia.

A cura emocional é um processo que pode ocorrer em qualquer ambiente onde cuidam de nós de maneira genuína, onde se pode falar sobre problemas e dificuldades e encontrar soluções. As pessoas sem acesso à terapia podem procurar ajuda de amigos, familiares e colegas de trabalho. Quando o racismo extremo poderia ter tornado a vida insuportável para os negros, as comunidades se sustentaram por meio de um processo como a conscientização. Conversando em grupo sobre o impacto do racismo, pessoas negras criaram uma comunidade compartilhada de preocupação e apoio. Todos podem ser mais fortes diante da adversidade se souberem que não estão sozinhos. Quando indivíduos vivenciavam o trauma do ataque racista, eles tinham apoio. Cada vez mais, porém, pessoas negras sentem que devem enfrentar a dor do racismo sozinhas.

Infelizmente, em razão de uma cultura que dá a entender que qualquer um que nomeie seu sofrimento está tentando usar o status de vítima para se restabelecer, algumas pessoas negras foram levadas a sentir vergonha de expressar dor emocional em resposta a uma agressão racial. Essa é definitivamente uma tática empregada por indivíduos que esperam sustentar um regime de dominação da supremacia branca. Quando dizem repetidas vezes a pessoas negras e de outros grupos não brancos que elas são culpadas pelos problemas que vivenciam, essa deslegitimação não apenas censura e silencia como também promove insanidade. Pessoas sãs com autoestima saudável respondem à opressão e à exploração reconhecendo sua dor e resistindo. É necessário agora — e será ainda mais necessário no futuro — que as pessoas negras e nossos aliados lutemos para criar um contexto de cuidado com a saúde mental que valide todos os tipos de trauma gerados pelo ataque racista e, ao mesmo tempo, que sejam criados programas de recuperação.

Deveria haver todo um *corpus* de trabalho, tanto de estudos acadêmicos quanto de material popular, com foco no amor-próprio de pessoas negras. A ausência dessa literatura é apenas mais um exemplo de como o trauma psicológico, sob a forma de agressões à autoestima e à alma de negros e negras, não é levado a sério em nossa sociedade. Deveria haver livros que enfatizassem o que é positivo, compartilhando teorias e estratégias de descolonização que viabilizem o amor-próprio. No início, quando comecei a explorar seriamente o material escrito sobre a primazia de uma ética amorosa na vida afro--estadunidense, fiquei surpresa por haver pouca informação. Precisamos de mais. É simples assim. Sem um movimento político organizado, voltado para as massas, progressista e antirracista, do qual também necessitamos, é ainda mais crucial que o lar de cada um de nós se torne um local de resistência onde seja possível criar os espaços de oposição para praticarmos o autoamor. Esses são os espaços onde temos poder. Podemos transformar o lar em um lugar onde exista o amor, que é a fundação de toda autoestima saudável.

06.
amor de mãe

A esmagadora maioria das pessoas negras testemunhará que foi amada pela primeira vez por uma mulher negra. Na vida afro-estadunidense, as mulheres negras têm sido praticantes do amor. Surpreendentemente, apesar da potencial facilidade que mulheres negras teriam para desistir do amor, dada a adversidade que tivemos de enfrentar nestas terras, muitas de nós se apegaram à esperança no amor, porque acreditamos no poder que ele tem de curar e renovar, de reconciliar e transformar. Para as mulheres negras, não tem sido fácil manter a fé no amor em uma sociedade que sistematicamente desvalorizou nosso corpo e a nós mesmas. Quando olhamos para a história das mulheres negras, desde a escravidão até os dias atuais, vemo-nos representadas em primeiro lugar como animais de carga inferiores, obrigadas pelas circunstâncias a servir às necessidades dos outros.

Em *Darkwater: Voices from Within the Veil* [Água escura: vozes de dentro do véu], publicado em 1920, W.E.B. Du Bois incluiu o ensaio "Damnation of Women" [Maldição das mulheres] em homenagem às mulheres negras escravizadas e suas filhas. Ele escreveu:

O peso esmagador da escravidão recaiu sobre as mulheres negras. Durante aquele período não havia casamento legal, nenhuma legislação sobre família, nenhum controle legal sobre os filhos [...]. Que tipo de mulher negra pode nascer disso no mundo de hoje? Há pessoas que se apressam em responder a essa pergunta de forma mordaz e dizem, despreocupada e repetidamente, que da escravidão negra nada decente surgiu na mulheridade, que o adultério e a impureza eram sua herança e seu destino contínuo.

Du Bois escreveu seu ensaio para defender as mulheres negras. Ele honrou as líderes negras, da escravidão em diante, ao mesmo tempo que incitou as pessoas negras a apoiar "a elevação das mulheres", questionando o sexismo e a discriminação de gênero. Mas seu conselho não foi ouvido.

O estupro de mulheres negras durante a escravidão distinguiu nossa experiência da dos homens negros, com os quais compartilhamos a dura sina de trabalhadores. Mulheres negras violentadas tiveram de lidar com a repugnância e o desdém de todos ao seu redor. Ninguém se importava com o impacto traumático do estupro em sua psique. As mulheres negras escravizadas foram inseridas em uma situação paradoxal. Quando enfrentaram com naturalidade o estupro perpetrado por homens brancos e negros, foram vistas por seus opressores como sobre-humanas, animalescas e monstruosas, capazes de suportar atrocidades que destruiriam a autoestima das "mulheres de verdade". Como as mulheres negras testemunharam em narrativas de escravizados, até mesmo outras pessoas negras as consideravam responsáveis por circunstâncias sobre as quais não tinham controle. Ninguém elogiou o coração generoso das mulheres negras, sua disposição de praticar o perdão.

Frequentemente, mulheres negras escravizadas encontravam forças para amar na crença religiosa. Sojourner Truth sentiu que fora chamada para se tornar ativista antirracista. Sua visão e sua coragem estavam enraizadas em um senso de convocação divina. Tal qual ocorreu com muitas mulheres negras que a precederam, a oração era a conexão entre ela e o espírito divino. A oração, aliada a crenças religiosas, permitia que as mulheres negras escravizadas desenvolvessem um espírito dissidente com o qual eram capazes de resistir a se enxergarem através dos olhos de seus opressores. Elas se viam como filhas de Deus com direito à liberdade e à justiça. Em *E eu não sou uma mulher? A narrativa de Sojourner Truth*, organizado por Margaret Washington, ela é descrita como totalmente dedicada à vontade do espírito divino: "Nenhuma dúvida, nenhuma hesitação, nenhum desânimo obnubilam sua alma; tudo é brilhante, claro, afirmativo e, às vezes, extático. Sua confiança está em Deus, e dele ela procura o bem, não o mal. Ela sente que 'o amor perfeito expulsa o medo'". Amar a Deus não apenas ajudou mulheres negras a sobreviver; os ensinamentos sagrados sobre o amor forneceram uma metafísica que orientou e moldou a interação humana.

Da mesma maneira como algumas mulheres negras escravizadas sobreviveram abrindo o coração e confiando na vontade divina, outras sobreviveram se endurecendo, reprimindo as emoções. Assim como as vítimas de trauma contemporâneas que dissociam como meio de resistir e sobreviver a agressões brutais, algumas mulheres negras escravizadas apenas abafaram seus sentimentos. Em *Trauma and Recovery* [Trauma e recuperação], Judith Herman destaca o resultado da violência na psique, enfatizando o preço que recai sobre as vítimas:

As pessoas traumatizadas sentem-se totalmente abandonadas, totalmente sozinhas, expulsas dos sistemas humano e divino de cuidado e proteção que sustentam a vida. A partir daí, um sentimento de alienação, de desconexão, permeia todo relacionamento, desde os laços familiares mais íntimos até as afiliações mais abstratas de comunidade e religião. Quando a confiança é perdida, as pessoas traumatizadas sentem que pertencem mais aos mortos que aos vivos.

Quando a escravidão foi abolida, não havia estudiosos prontos para entrevistar os escravos a respeito do transtorno de estresse pós-traumático. Poucos documentos registraram algo sobre o bem-estar emocional dos recém-libertos. A ênfase toda estava na sobrevivência material.

Durante a escravidão, as pessoas negras escravizadas nunca se comportaram como se o conforto material fosse tudo o que importava na vida. Os arquivos históricos documentam como as pessoas negras trabalhavam para estabelecer e manter vínculos emocionais umas com as outras. O desejo de respeitar os laços entre os membros da família biológica era tão intenso que os recém-libertos muitas vezes passavam a vida inteira em busca de seus familiares. Os africanos escravizados criaram belos trabalhos artísticos e músicas que ainda deslumbram o mundo, e procuraram encontrar espaços, mesmo que relativos, de autorrealização e autodesenvolvimento, apesar da escravidão. A religião tornou-se o palco em que a criatividade da mente e do coração podia se expressar livremente. Na adoração, os escravizados conheciam a alegria e o deleite, sabiam por experiência que eram mais que a própria dor.

A incrível resiliência de espírito das pessoas negras escravizadas muitas vezes desviou a atenção do legado de ferimentos psicológicos gerados pelas experiências da escravidão. No passado, os líderes negros insistiram com tanta veemência no triunfo dos negros sobre os males da escravidão e a brutalidade do apartheid racial que havia pouco espaço cultural para falar psicanaliticamente sobre o estresse pós-traumático e as cicatrizes negativas na psique. Embora documentos históricos forneçam evidências de que os recém-libertos muitas vezes estabeleciam lares com base nos mesmos princípios de dominação coercitiva que haviam vivenciado, esses fatos não renderam debates suficientes sobre a experiência negra do trauma e da recuperação. Demorou quase um século para que as pessoas se sentissem livres para falar sobre um contínuo de ferimentos psicológicos que ainda afeta nossa saúde mental coletiva na vida negra.

Essa realidade não é mais evidente em nenhum outro contexto do que na vida das mulheres afro-estadunidenses — afinal, foi durante a escravidão que fomos representadas pela primeira vez como traidoras licenciosas, lascivas e indignas de confiança. Esses estereótipos racistas e sexistas foram expressos pela primeira vez por homens brancos poderosos e ávidos para justificar o uso e o abuso do corpo feminino negro, que eles diziam odiar tanto. Em um mundo fundamentado nos ensinamentos religiosos patriarcais, era muito mais inteligente que todos os brancos culpassem as mulheres negras por abuso, alegando que elas eram monstros sexuais sedutores que atraíam para o pecado homens brancos justos. Ao aceitar esse cenário, as mulheres brancas não precisavam reconhecer sua conexão com terroristas e estupradores brancos. Uma vez que a escravidão sexual (isto é, mulheres presas a homens em condição de servidão e subordinação ao longo da vida) continuou mesmo com o fim da escravidão baseada em raça, as mulheres negras ainda tiveram de enfrentar uma cultura que nos enxergava e ainda enxerga como a personificação desses estereótipos. Para agravar a situação, homens e mulheres negros religiosos muitas vezes internalizavam várias formas sexistas/racistas de ver mulheres negras. Todos esses fatores, juntos, mantêm um clima psicológico propício para a formação do auto-ódio ao invés do amor-próprio.

Por vivermos em uma cultura que constantemente nos desvaloriza, as mulheres negras precisamos nos esforçar o dobro para ser amorosas. Lidar com o estigma de ser rotuladas como vadias e prostitutas, licenciosas e vulgares, levou as mulheres negras, no início do século XX, a enfatizar indevidamente a virtude puritana. Acreditando que reivindicar o status de mulheridade virtuosa dissiparia automaticamente os estereótipos negativos, mulheres negras com frequência renunciavam à ludicidade emocional e à sensualidade em favor de uma postura materna severa. Isso criou entre nós as mesmas divisões tensas já desencadeadas pelas variações da cor da pele, pois todas as mulheres negras estavam sujeitas a ser vistas como madonas ou prostitutas. Ambas as representações exigiam que rejeitássemos um universo emocional complexo e nos adaptássemos a um estereótipo. Como o ódio ao corpo feminino e a suas funções naturais estava na raiz de ambos os estereótipos, não importava a identidade que uma mulher negra adotasse — madona ou prostituta, era improvável que ela aprendesse a amar sua fisicalidade.

Uma das contribuições mais importantes que vieram da fusão das lutas *black power*, da libertação sexual e do feminismo nos anos 1960 foi a ênfase em aceitar e amar o corpo. Ideias desses três movimentos ajudaram a libertar as mulheres negras e todas as mulheres da tirania do ódio patriarcal. Relacionar a noção de que negro é bonito à ideia do direito feminino ao prazer sexual significou, para todas as mulheres negras, que não precisaríamos mais temer que nos julgassem como desvirtuosas caso fôssemos sexuais. O amor-próprio feminino negro só poderia ser plenamente alcançado quando os indivíduos deixassem de internalizar os estereótipos negativos. As mulheres negras que no início do século XX carregaram o fardo da humilhação porque foram mães sem se casar ou tiveram que se casar porque estavam grávidas não precisavam mais sofrer ataques depreciativos de todos os lados. As afrontas continuaram, mas a forma como as mulheres lidavam individualmente com esses ataques mudou para sempre.

Métodos de controle de natalidade inovadores e eficazes também permitiram que mais mulheres negras entrassem na década de 1970 afirmando sua atividade sexual positiva, incluindo a garantia de que não seríamos vítimas de gravidez indesejada. Ao contrário de muitas das minhas amigas e colegas brancas da faculdade, mulheres negras do meu convívio e eu não usávamos o aborto como meio de controle de natalidade. Estávamos obcecadas pelo uso do contraceptivo apropriado para que não precisássemos abortar. Nessa época, Shirley Chisholm estava entre as primeiras feministas a falar de gravidez indesejada. Ela insistia para que pessoas negras apoiassem a contracepção e o aborto, quando necessário. Com incrível coragem, ela chamou a atenção para o grande número de mulheres negras que perderam a vida em decorrência de abortos inseguros.

O trabalho de Chisholm nunca recebeu a atenção que merecia, em grande parte porque revelou dados contrários aos estereótipos racistas e sexistas que sugeriam que mulheres negras pobres (além de mulheres negras de todas as classes) eram ávidas por dar à luz com o propósito de receber benefícios assistenciais. Seu trabalho e os de outras feministas mostraram que a maioria das mulheres maduras, quando podia optar, não queria dar continuidade a uma gravidez indesejada. Homens líderes patriarcais da igreja negra, com a ajuda de matriarcas puritanas e punitivas, intervieram na luta progressista por direitos reprodutivos, incitando mulheres negras a acreditar que seriam punidas por Deus se realizassem um aborto. Conservadores — negros e brancos — condenam os benefícios assistenciais, embora tenham dificultado e ainda dificultem às mulheres negras pobres receber educação sexual e realizar aborto quando necessário. Se todas as comunidades negras adotassem uma postura mais progressista sobre sexualidade e direitos reprodutivos, haveria menos gravidezes indesejadas.

Apesar das mudanças na forma como a cultura hegemônica pensa a sexualidade, muitas jovens negras ainda correm o risco de engravidar porque estão respondendo aos desejos dos homens, geralmente mais velhos, que querem não somente ter relações sexuais com elas como também não usar preservativos nem outros dispositivos de controle de natalidade. Para não se colocar em risco, uma jovem mulher precisa ter a autoestima saudável, a fim de conseguir dizer não e também se dedicar a cuidados de saúde preventiva que a impedirão de se colocar em qualquer situação de risco. Há poucos trabalhos sobre a predominância do estupro por pessoas conhecidas nas comunidades negras. No entanto, todos os dias jovens são coagidas sexualmente por homens. É óbvio que, quando a coerção está em curso, um dispositivo anticoncepcional é inútil. Ao expor relatos reveladores sobre estupros que ele e outros homens negros cometeram, Nathan McCall, no livro de memórias *Makes Me Wanna Holler: A Young Black Man in America* [Isso me faz querer gritar: um jovem negro nos Estados Unidos], conta que seu filho adolescente lhe perguntou: "É certo forçar uma garota se você sai com ela e ela não se entrega?". O fato de mulheres negras serem percebidas como um grupo que homens podem estuprar sem consequências faz parte desse contínuo de desvalorização do corpo feminino negro que começou durante a escravidão.

Charlotte Pierce-Baker editou uma coleção inovadora de histórias sobre estupro de mulheres negras, intitulada *Surviving the Silence* [Sobrevivendo ao silêncio], que lembra os leitores de que esta sociedade nunca levou a sério o estupro de mulheres negras. Sabendo disso, mulheres negras que são estupradas geralmente não dizem nada e vivem com as perturbadoras consequências psíquicas desse trauma. Nada é mais doloroso nessas histórias do que a falta de apoio para sua recuperação. Repetidas vezes, uma mulher negra mais velha culpa a vítima ou exige silêncio para proteger o agressor. Esta foi a lição que muitas pessoas negras aprenderam no contexto da escravidão: proteger o mal em vez de corrigi-lo. Algumas mulheres negras também aprenderam essa lição e dão as costas a outras vítimas da brutalidade masculina.

Desenvolver uma autoestima positiva em relação ao corpo e à personalidade continua sendo uma tarefa árdua para as mulheres negras em uma sociedade que constantemente nos representa de forma negativa. Promover a desvalorização das mulheres negras e o ódio a elas tem sido uma estratégia totalmente política no patriarcado supremacista branco capitalista. Enquanto as pessoas odiarem e temerem mulheres negras, enxergando-nos como vagabundas e prostitutas, há pouca chance de que homens brancos escolham casar-se com mulheres negras. Enquanto mulheres negras forem odiadas e desprezadas, a pureza das famílias brancas permanecerá intacta. Ironicamente, ainda que filmes contemporâneos como *O Guarda-Costas* (1992), *Espiral da Cobiça* (1996) e *Politicamente Incorreto* (1998) explorem o tabu, retratando as relações de amor entre mulheres negras e homens brancos, no fim esses laços são sempre desastrosos. A mulher negra é representada dentro do estereótipo de excessivamente sexual, desejada apenas por seu corpo. No único filme em que a mulher negra é casada com o homem branco rico, é retratada como ex-viciada em drogas, puta, traidora. O pensamento da supremacia branca mantém esses estereótipos racistas/sexistas vivos na imaginação de todos, por uma razão: isso tanto incentiva quanto permite a luxúria masculina branca por mulheres negras, ainda que estimule tal luxúria a permanecer no nível da objetificação e da degradação.

Com frequência, quando mulheres negras são romanticamente abordadas por homens brancos na vida real, elas não respondem de maneira afirmativa, pois temem que eles possam projetar nelas fantasias racistas/sexistas. Ninguém fala em homens brancos que amam mulheres negras. Tais uniões são continuamente representadas como sempre e somente fundamentadas na luxúria sexual. Isso não vai mudar até que mais pessoas antirracistas, sobretudo homens brancos, compartilhem histórias de amor e ofereçam uma imagem diferente.

Imagens de mulheres negras em filmes de cineastas negros, na maioria homens, pouco fizeram para mudar os estereótipos racistas/sexistas. Spike Lee, John Singleton e uma série de outros diretores negros continuam a projetar imagens sexistas da mulheridade negra. Em seus filmes, quando a mulher negra não é um objeto sexual, é frequentemente descrita como vadia, traiçoeira e má. Como a maioria dos homens negros compartilha com os homens brancos um pensamento patriarcal que já retrata as mulheres como más e lascivas por natureza, eles não ofereceram ao mundo maneiras alternativas de refletir sobre as mulheres negras. Em vez disso, homens negros sexistas exploraram mulheres negras com a mesma indiferença e falta de conexão que caracterizavam o uso e o abuso delas por homens brancos durante a escravidão. Uma vez que tais homens, assim como seus pares brancos, enxergam as mulheres como subordinadas, eles não veem nada de errado no próprio comportamento.

Os aspectos mais alarmantes das confissões de Nathan McCall sobre os episódios em que abusou e estuprou mulheres negras são a falta de questionamento crítico acerca de seus motivos e a incapacidade de informar como suas atitudes mudaram. Quando seu filho quer saber se é aceitável estuprar a mulher com quem vai sair, ele apenas consegue dizer ao jovem que imagine um cara querendo fazer a mesma coisa com sua mãe. Em momento algum McCall demonstra que desaprendeu o pensamento sexista. É difícil imaginar que, se ele estivesse descrevendo de forma insensível o estupro irracional e a violação de mulheres brancas, sem jamais demonstrar profunda reflexão crítica ou remorso, seu livro se tornaria um best-seller. Por causa do racismo e do sexismo, o uso e o abuso de mulheres negras por parte de McCall é meramente um contexto extravagante que o faz ser aceito por pessoas comuns e o torna mais interessante. Ele nunca fala de aprender o significado do amor ou de amar mulheres negras. Sua história não é incomum. O crítico cultural, ativista e escritor Kevin Powell é um jovem negro que criticou abertamente o sexismo e a violência contra as mulheres. Foi significativo que ele tenha começado seu debate público sobre o ódio às mulheres oferecendo confissões pessoais. Em sua obra autobiográfica *Keepin' It Real: Post-MTV Reflections on Race, Sex and Politics* [Falando a verdade: reflexões sobre raça, sexo e política pós-MTV], Powell analisa seu relacionamento com todas as mulheres de sua vida. Sua jornada, sempre honesta e muitas vezes dolorosa, começa com o vínculo tumultuado, mas crucial, com a mãe. Foi essa conexão, cheia de amor, ressentimento, raiva e medo, que Powell procurou recriar ou, em outros momentos, obliterar nas relações íntimas com mulheres mais tarde na vida.

Até que as mulheres negras não sejam mais coletivamente percebidas sempre e somente por meio de estereótipos racistas e sexistas, cultivar o amor-próprio continuará sendo uma tarefa difícil, embora de forma alguma impossível. Eliminar o fardo colocado sobre nós pelo sexismo e pelo racismo é um modo de amarmos a nós mesmas e a outras mulheres negras. Todas as mulheres negras amorosas ameaçam o status quo. Obviamente, as mulheres negras mais problemáticas são aquelas que tentam encontrar um lugar para si dentro dos paradigmas existentes, internalizando o auto-ódio. Quando qualquer mulher negra age de maneira a manter estereótipos negativos, há mais espaço para ela na estrutura social existente do que para as mulheres negras descolonizadas que desafiam o status quo. Não há dúvida de que é por isso que tantas jovens negras sentem que sua única opção é reivindicar os papéis de detestável e vadia. Ao abraçar esses rótulos, elas têm uma falsa sensação de participação. Elas se encaixam na ideia que a cultura dominante tem delas.

Como suas semelhantes escravizadas, essas mulheres negras encontram em processos de desconexão e dissociação a força para sobreviver. Sentem que ser emocionalmente abertas e vulneráveis, o que todas nós devemos ser se quisermos amar e ser amadas, significa apenas que elas serão feridas ou, pior, esmagadas. Melhor não ter um coração do que ter um que esteja constantemente sendo magoado. Quando comecei a lecionar em cursos de estudos de mulheres com foco em mulheres negras, estudantes com frequência descreviam suas percepções sobre mulheres negras adultas usando palavras como "severa", "forte" e "durona". Repetidas vezes eu ouvia estudantes de todas as cores descreverem as mulheres negras que viam nas ruas como sisudas e rígidas. Quando, mais adiante, examinávamos os detalhes da vida das mulheres negras, fatos que documentam a realidade de que muitas de nós vivemos na pobreza ou temos empregos de baixa remuneração, sem acesso a cuidados de saúde; de que provavelmente estaremos solteiras durante boa parte da vida adulta; de que nosso risco de ter uma das três principais causas de morte das mulheres — cardiopatias, câncer de mama e câncer de pulmão — é desproporcional e estamos mais propensas a falecer se tivermos essas doenças; e de que somos diariamente vítimas de agressões verbais e físicas não reconhecidas, tanto nas ruas quanto em casa, então os estudantes entenderam as razões pelas quais as mulheres negras não parecem abertas e brincalhonas. Depois de examinar esses fatos, eles costumavam dizer: "Que razões as mulheres negras têm para sorrir?".

Como a adversidade tem sido tão inflexível na vida das mulheres negras, muitas delas estão perdendo a fé. Quando me encontro com jovens negras que já são profundamente cínicas quanto ao seu destino nesta sociedade, lembro-me da realidade de que o ódio à mulheridade negra nunca esteve tão presente nesta cultura — e continua crescendo. As jovens sofrem ataques dolorosos antes de estabelecer uma identidade forte o suficiente para afastar essa ameaça. Repetidas vezes lembro-me do fato de que, conforme a integração racial removia as barreiras que antes proibiam o contato e a conexão, barreiras invisíveis e implícitas eram colocadas em seu lugar. Na minha vida adulta, raramente ouço uma pessoa branca expressar desprezo e desdém pela mulheridade negra, mas vejo isso nas imagens que as pessoas brancas criam. Vejo isso na maneira como as jovens brancas tratam as mulheres negras que contratam como babás — às vezes, sua interação é como uma cena do Sul dos Estados Unidos antes da Guerra de Secessão. Não é de admirar, então, que garotas negras possam me dizer que ninguém as vê como desejáveis, sobretudo se tiverem a pele mais escura. As meninas que cresciam em comunidades negras e escolas segregadas não duvidavam de seu valor tão profundamente quanto as meninas em ambientes integrados. Em espaços segregados, pessoas negras controlavam as representações; ainda assim, projetávamos imagens de nós mesmas que eram constantemente feias e de auto-ódio. Para meninas negras terem a chance de construir uma autoestima saudável em um ambiente de colonização integrado, deve haver estratégias opositivas e lugares que promovam a descolonização.

Adultas negras extenuadas geralmente abandonam o cuidado emocional de mulheres jovens. Diante de estereótipos racistas e sexistas inalterados, as mulheres negras mais velhas muitas vezes se endurecem para não sentir dor. Com a emoção adormecida, com frequência são agressivamente julgadoras e punitivas em suas atitudes em relação às mais jovens. Qualquer mulher negra que lê ficção contemporânea escrita por mulheres afro-estadunidenses descobre uma série de narrativas sobre mães que humilham e ferem emocionalmente as filhas. Quando menina, eu sempre ficava perturbada quando ouvia o velho ditado: "Mulheres negras criam suas filhas e amam seus filhos". Isso sugeria não apenas que as meninas não importavam mas que o único papel que a mãe desempenhava em relação a nós era o de nos manter sob controle, nos disciplinar e nos punir, ou nos ensinar a nos conformarmos com o destino de uma mulher, mostrando-nos como ser subordinadas e servis. Muitas vezes, quando uma jovem negra é ferida, atacada, estuprada, ou é vítima de incesto, ela é culpada por matriarcas negras severas. Testemunhei filhas relatando abusos sexuais às mães. Essas mães respondem com perguntas duras e inquiridoras, negando a verdade das palavras da filha em vez de oferecer empatia ou cuidados terapêuticos. São esses atos de desamor que levam tantas mulheres negras a endurecer o coração enquanto se esforçam para fazer a transição de adolescentes para jovens adultas. Elas perdem a fé. Essa perda pode ser tão prejudicial para a psique quanto os vícios. Confirmando esse diagnóstico em seu livro *Stop Being Mean to Yourself* [Pare de ser má consigo mesma], Melody Beattie afirma:

> Existem muitas drogas que podem ferir o corpo e anestesiar a alma: cocaína, álcool, heroína, maconha. Mas há outras drogas cujo poder narcótico ignoramos. A desilusão e a traição podem

pulverizar nossa alma até que toda fé e toda esperança desapareçam. O efeito cumulativo de uma vida de decepções pode nos deixar perambulando confusas, perdidas e entorpecidas. Independentemente de isso acontecer em um momento ou por muitos anos, perder a fé anestesia o espírito.

Mitos racistas e sexistas populares que retratam as mulheres negras como matriarcas fortes, capazes de sobreviver a todo e qualquer golpe no espírito, impedem que todos reconheçam o sofrimento e a mágoa das mulheres negras. Para evitar a dor, essas mulheres frequentemente se voltam para o abuso de substâncias ou para a automutilação psíquica, desconectando e fechando as portas do coração.

Mulheres que se endurecem, que se afastam do amor, são intransigentes nos relacionamentos com outras mulheres. Isso é tão real para as mulheres negras quanto para qualquer grupo de mulheres nesta sociedade. Em meu livro sobre escrita, *Remembered Rapture* [Êxtase rememorado], incluí um ensaio discutindo o fato de que mulheres negras que escrevem sobre o meu trabalho o fizeram com um nível de ódio incrivelmente intenso. Audre Lorde foi uma das primeiras pensadoras feministas negras a chamar a atenção para a raiva e a hostilidade que as mulheres negras despejam umas nas outras. Em seu perspicaz ensaio "Olho no olho: mulheres negras, ódio e raiva", Lorde escreveu:

> Por que as mulheres negras reservam uma voz específica de fúria e decepção para usar entre si? Quem é que devemos destruir quando atacamos umas às outras com esse tom de premeditada

aniquilação corretiva? [...] Essa crueldade entre nós, essa dureza, é uma parte do legado de ódio com o qual fomos inoculadas.

Ironicamente, quando uma mulher negra estende a mão com ternura e cuidado, outras mulheres negras talvez a vejam como insuficientemente dura, como não sendo uma "mulher negra real" — uma projeção que, mais uma vez, nega a nossa plena humanidade.

Lorde foi explícita em relação ao fato de que muitas mulheres negras tiveram que desaprender seu próprio ódio sexista às mulheres para amar a si mesmas e a outras mulheres negras. Ela confessa: "Até agora, pouca coisa nos ensinou a sermos gentis umas com as outras. Com o restante do mundo, sim, mas não conosco. Tivemos poucos exemplos externos de como tratar outra mulher negra com gentileza, respeito, ternura ou um sorriso de apreço". Quando li esse ensaio pela primeira vez, parecia distante da minha vida. Fiquei impressionada com o fato de Lorde estar escrevendo a partir de sua experiência numa cidade grande no Norte dos Estados Unidos, filha de pais oriundos do Caribe. No mundo sulista onde fui criada, grande parte da doçura da vida veio da ternura das mulheres negras. De maneira significativa, essas mulheres eram frequentemente pobres e trabalhadoras. Não havia entre elas o nível de competição que caracterizava as mulheres negras de classe média e alta.

Fui criada em um lar com pai e mãe, cinco irmãs e um irmão, e minha mãe conversou deliberadamente com suas meninas sobre como a concorrência e a inveja dividem e distanciam. Ela nos disse, em termos inequívocos, que não haveria discussões nem guerras por causa de rapazes, que nós nos respeitaríamos e nos amaríamos como irmãs. Suas lições potentes sobre irmandade ficaram conosco. Sabemos amar umas às outras. Sabemos abrir o coração. As mulheres negras cometemos um erro quando partimos do pressuposto de que nos fechar e usar a máscara da indiferença nos torna fortes ou nos mantém bem. Reprimir nossos sentimentos leva ao estresse, que ocasiona uma variedade de doenças. Permitir-nos sentir apenas raiva é igualmente debilitante. Para nos amarmos corretamente, para amar os outros, temos que reivindicar todas as nossas emoções.

Seguindo o caminho de Sojourner Truth e de outras sábias mais velhas, nós, mulheres negras, precisamos constantemente afirmar nossa plena humanidade para combater o impacto das forças desumanas. Expressar toda a nossa gama de emoções cura o espírito e nos envolve na prática da autoaceitação, tão essencial ao amor-próprio. Sob a expressão severa que vi no rosto de minha mãe e de muitas de suas amigas, havia um medo contínuo de que, se baixassem a guarda, mesmo que por um minuto, seriam desrespeitadas, feridas ou violentadas de alguma forma. Para amarmos, temos que nos desapegar do medo e viver uma vida baseada na fé. Viver com fé significa que reconhecemos, como fizeram nossas sábias ancestrais negras, que temos o poder de descolonizar nossa mente, inventar-nos e habitar o espírito de amor que é o nosso verdadeiro destino.

07.
dignificar mães solo

Por toda parte nos Estados Unidos há mais famílias monoparentais do que nunca na história do país. No entanto, as mulheres negras continuam sendo o único grupo de parentalidade solo constantemente atacado. Criticadas de forma severa seja pela cultura da supremacia branca, que estereotipa mulheres negras como dependentes dos pagamentos da assistência social, seja por homens negros, que afirmam ser vítimas dessas reprodutoras castradoras, que preferem viver do benefício assistencial a ter um homem bom que as sustente, seja pelo julgamento humilhante de uma nação que castiga as mães solo pobres, que geram crianças enquanto idolatram mulheres ricas e famosas que optam pela maternidade, as mães solo negras são, cada vez mais, representadas na grande mídia como severas e indiferentes.

Um grande grupo de mães solo negras é formado por mulheres que exercem a maternidade sozinhas porque são divorciadas. São mães que trabalham. Tal como suas semelhantes não negras que recebem ajuda do Estado, a maioria delas apreciaria ser sustentada economicamente por um provedor amoroso. É um mito que mulheres negras prefiram criar filhas e filhos sozinhas. Mesmo a maioria das mulheres solteiras que têm uma profissão, vivem sozinhas e escolhem adotar uma criança prefere compartilhar a parentalidade com um parceiro atencioso. Criar filhos sozinha é um trabalho difícil. Ninguém sabe disso melhor que as mulheres negras. E é ainda mais difícil quando elas são pobres.

A obra *The Rising Song of African-American Women* [A canção da insurreição das mulheres afro-estadunidenses], de Barbara Omolade, inclui um dos mais perspicazes debates sobre mães solo negras já escrito, no capítulo intitulado "It's a Family Affair" [É um caso de família]. Ao longo desse ensaio, ela reúne fatos e números para combater estereótipos negativos sobre as mães solo negras. Omolade escreve:

> As mães solo negras somos majoritariamente trabalhadoras pobres. Atuamos como trabalhadoras domésticas, costuramos nas fábricas e trabalhamos como comerciantes e cozinheiras autônomas. Nós nos deslocamos diariamente para órgãos públicos municipais, estaduais e federais. Como paralegais, assessoras e funcionárias, somos a espinha dorsal nos hospitais, na educação infantil e nas casas de repouso. Embora os salários sejam baixos e o trabalho, tedioso, as mulheres negras mantêm o emprego público durante anos porque ele oferece estabilidade e benefícios.

Com muita frequência, quando o assunto são mães solo negras, a imagem evocada é a de mulheres negras usufruindo da assistência social. Mães solo negras que trabalham são, em geral, ignoradas nesta sociedade, a menos que possam ser evocadas como um meio de patologizar a vida familiar negra.

Durante muito tempo, elas foram simplesmente ignoradas. Quando a grande mídia patriarcal supremacista branca quis criar uma imagem social disfuncional, deu destaque para mulheres negras recebendo auxílio do governo. Normalmente, o foco estava em uma mulher negra com quatro ou mais filhos de pais diferentes que mentia para o sistema a fim de receber mais benefícios. Nunca importou para o público que essa imagem não fosse representativa. No entanto, nos últimos anos, à medida que são divulgadas estatísticas mais concretas sobre quem realmente recebe ajuda e quanto dinheiro é efetivamente concedido, qualquer pessoa que não esteja equivocada devido aos preconceitos precisa encarar até que ponto as imagens negativas de mulheres negras que recebem benefício assistencial são ostentadas como forma de criar bodes expiatórios e abandonar questões fundamentais de classe, raça e imperialismo quando se trata da alocação de fundos.

Quero destacar as mães solo negras para falar sobre a prática concreta de uma ética do amor na vida negra, porque abundam evidências para documentar que esse grupo, mais que qualquer outro, criou, contra toda probabilidade, um espaço amoroso dentro de casa. O fato de que, mais do que nunca na história de nossa nação, as pessoas negras participem do ataque geral à integridade das mães solteiras negras reflete a natureza extrema de nossa crise coletiva. Nos meios de comunicação social, as mães solo negras são representadas como mulheres más e castradoras que, de forma irresponsável, querem criar filhos e filhas que não podem sustentar. Pouca distinção é feita entre mães solo que trabalham e mulheres que usufruem do benefício assistencial. Ambas são injustamente representadas como criminosas. E os filhos que elas geram são representados como aspirantes a criminosos. Se algum livro documentasse a representação contemporânea de mães solo em nossa sociedade, seria inequívoca a diferença entre os perfis de brancas (uma representação recente é a da mãe solo e esforçada no filme *Melhor É Impossível* [1997]) e negras. A tendência é representar mães solo brancas de maneira positiva: elas são retratadas como esforçadas, vítimas das circunstâncias, e não de suas escolhas, ou profissionais que, no fundo, são madonas amorosas. As mães solo negras são, na maioria das vezes, descritas como abusadoras de substâncias ilícitas, negligentes, violentas e mentalmente depravadas.

Hoje, o foco em "valores familiares", juntamente com os esforços para desmantelar o sistema de assistência social, levou à condenação violenta de mães solo negras em todas as frentes. Sob o pretexto de defender valores familiares, homens negros acrescentaram sua voz a essa crítica. Subjacente a tais ataques está a suposição de que as famílias patriarcais são as mais saudáveis. Obviamente, a maioria dos trabalhos recentes sobre famílias nucleares ressalta que essas famílias são, com muita frequência, disfuncionais. A produção acadêmica feminista sobre vida familiar chama a atenção para o quanto a dominação masculina coercitiva corrói os valores familiares. A violência doméstica generalizada e o incesto perpetrado por homens são dois indícios de que a família nuclear patriarcal não é, inerentemente, um ambiente mais positivo para criar filhos do que uma família monoparental.

Muitas pessoas preferem acreditar que a família nuclear patriarcal é a melhor porque imaginam que será um lar com uma renda maior. Uma expressiva quantidade de mulheres neste país sabe que a dominação masculina geralmente significa que os homens chefes de família não dão seu dinheiro de forma voluntária para o sustento de mulheres e crianças.

No início do século XX, o Movimento pela Temperança[13] expôs a quantidade de homens que negavam dinheiro à família para pagar a bebida e a farra. Hoje, os homens com renda decente muitas vezes desperdiçam o salário fazendo apostas, abusando de substâncias ou, ainda, sendo mulherengos. Quando a mulher em casa também trabalha, os homens patriarcais ficam ainda mais inclinados a distribuir seus fundos de modo a garantir que os recursos da família não se expandam. Talvez façam isso simplesmente deduzindo do orçamento familiar, com o qual outrora contribuíram, a quantia que a mulher recebe. Em famílias negras biparentais nas quais a mulher pode ganhar tanto dinheiro quanto seu companheiro, se não mais, os homens patriarcais costumam empregar várias estratégias para garantir que tenham o controle das finanças.

Estudos sobre famílias brancas patriarcais mostram que, quando o divórcio ocorre, os chefes de família geralmente negam apoio econômico a mulheres e crianças. As brigas em relação ao dinheiro da casa podem, com frequência, ser um momento de tanto conflito que mulheres de todas as raças e classes simplesmente cedem às demandas masculinas. Esses fatos podem ser facilmente ignorados por políticos patriarcais que querem fazer parecer que a presença do homem na família significa mais recursos econômicos e maior estabilidade emocional. Mulheres e crianças que vivem em lares onde os homens retêm seus recursos sabem, por experiência, que a

---

13. Movimento social contra o consumo de bebidas alcoólicas surgido em meados de 1820, com membros no Reino Unido, nos Estados Unidos, na Irlanda e na Austrália. Parte dos adeptos defendia o consumo moderado de álcool e outra parte defendia a abstinência total. O movimento buscava influenciar políticos em busca de proibições legais da comercialização de álcool. [N.E.]

mera presença de um adulto não significa uma vida material melhor, nem que o lar será um ambiente de cuidado e apoio.

Surpreendentemente, apesar das dificuldades que enfrentam, mães solo negras trabalhadoras empregam a maior parte de seus recursos para prover bem-estar aos filhos. Essa contribuição é raramente destacada. Ao contrário, essas mães precisam confrontar estereótipos sexistas que as consideram matriarcas castradoras porque levam a sério o papel de mãe. Ainda assim, é esse cuidado de alta qualidade que torna as mães solo negras guias valiosas para qualquer pessoa que examine o impacto de uma ética amorosa na vida negra. A combinação de cuidado, conhecimento, respeito e responsabilidade, que é a base da prática amorosa, está evidente no estilo de parentalidade de muitas mães solo negras. Quando elas criam filhos que se tornam cidadãos saudáveis, têm amor-próprio e são produtivos, ninguém chama a atenção para as estratégias a que elas recorreram a fim de criar uma vida familiar positiva que seja um complemento ou uma alternativa ao modelo patriarcal. Todos nós gostaríamos de ler estudos que documentem e destaquem suas habilidades como mães, mostrando-nos o que elas fizeram que deu certo.

Em vez disso, ouvimos mais sobre a mãe solo negra quando algo deu errado em determinada família. Embora isso aconteça principalmente quando a família recebe benefício assistencial, o efeito negativo afeta o conjunto das mães solo negras. Ignorando todas as evidências contrárias, a grande maioria dos líderes negros defendeu o modelo familiar patriarcal. Raramente falavam dos motivos que levaram os pais a se ausentar da família ou deixar de contribuir economicamente. Homens negros que participaram da Marcha de Um Milhão de

Homens se comprometeram a assumir maior responsabilidade familiar, reivindicando o que alguns consideram seu "lugar de direito como chefe de família". Eles criticavam a assistência social, mas simplesmente não falavam sobre as perigosas implicações do domínio patriarcal masculino.

Subjacente a grande parte da discussão sobre a ausência masculina negra paterna estava uma crítica implícita às mulheres negras. Homens negros sexistas muitas vezes sugerem que os homens negros são ausentes porque as mulheres negras não lhes permitem assumir o papel que lhes cabe. Esse argumento tende a ignorar a realidade do abandono do homem negro e do desrespeito às famílias, além de não analisar um fato importante: os chefes de família negros patriarcais não têm um histórico melhor que o de seus semelhantes brancos no que diz respeito a proporcionar cuidados materiais e emocionais. Se fossem feitos mais estudos que destacassem ações, comportamentos e valores dos homens negros patriarcais que são chefes de família e o impacto que seu modelo parental tem sobre seus filhos, poderíamos ter uma base mais realista para determinar se a presença deles de fato aprimora o bem-estar das crianças.

Deveria ser óbvio que filhos criados em um lar amoroso são, muito provavelmente, mais saudáveis. Cuidadores e cuidadoras amorosos, sem dúvida, oferecem às crianças um ambiente positivo. No entanto, nenhuma das discussões sobre os efeitos nocivos de pais negros ausentes priorizou o amor. Em vez disso, o pensamento patriarcal sugere que só por estarem presentes os pais negros asseguram que as crianças negras tenham autoestima e amor-próprio saudáveis. Isso simplesmente não é verdade. Um pai dominador e/ou violentamente abusivo que esteja presente não cultivará um ambiente doméstico que pro-

145

mova o bem-estar do filho. Os homens não tornam a vida boa para mulheres e crianças apenas por estar presentes; é como eles agem e interagem que faz a diferença. O comportamento destrutivo de pais negros na atualidade torna a vida familiar negra perigosa e precária, assim como o comportamento construtivo engrandece a vida familiar.

Ao enfatizar o aspecto negativo, não pretendo sugerir que todos os pais negros sejam indelicados, cruéis ou irresponsáveis. No entanto, se houvesse uma quantidade significativa de pais negros amorosos ansiosos para assumir a responsabilidade material em relação aos filhos e capazes de lhes proporcionar amparo emocional, não haveria necessidade de discutir ausência paterna, pois não haveria problema algum. O compromisso da coparentalidade, seja quando ambos estão presentes em casa, seja em situações de casais separados, ainda garantiria que os pais negros desempenhassem um papel significativo na vida dos filhos.

Fazer das mães solo negras bodes expiatórios permitiu aos homens negros desviar a atenção de uma discussão sobre o significado da parentalidade em suas vidas. Vivemos em uma cultura em que todos os homens têm acesso a formas práticas e adequadas de controle de natalidade. Nenhum homem responsável precisa cuidar de filhos que ele não deseja. Até que nossa sociedade pare de culpar as mães solo, jamais será realizado o necessário trabalho acadêmico de analisar os motivos que levam homens a gerar filhos, mas não a exercer a paternidade. Ao mesmo tempo, atacar as mães solo não altera a realidade de que os ambientes familiares monoparentais se tornam, cada vez mais, uma norma para todos os grupos. Essas famílias em geral são chefiadas por mulheres. Em vez de estereotipar negativamente a família como "em risco" ou disfuncional, os estudiosos precisam enfatizar aqueles lares monoparentais chefiados por mulheres que são ambientes amorosos.

De forma significativa, a recusa em reconhecer a contribuição extraordinária de mães solteiras que prestam cuidado amoroso está ligada à suposição sexista de que cuidar é uma característica feminina nata, e não uma escolha. No entanto, o fato de que algumas mulheres, desde o nascimento do filho, não estão dispostas a nutrir ou cuidar expõe a falácia desse mito. Enquanto muitos pais optam por se afastar e abandonar os filhos, mães com a mesma liberdade de escolha não apenas permanecem como se esforçam para proporcionar estabilidade econômica e emocional ao lar. Essa escolha é uma contribuição valiosa para a vida familiar em nossa nação. Essas famílias em geral não são mais instáveis do que aquelas em que estão presentes homens patriarcais benevolentes.

Grande parte dos ataques às mães solo negras tem se concentrado na educação de garotos negros. No início do movimento de homens, seus líderes insistiram na ideia de que mulheres não poderiam ensinar meninos a serem homens, de que eles precisavam de uma presença masculina. Esses comentários foram mencionados sem nenhum fato que mostrasse que meninos criados por mães solteiras sofrem alguma falta substancial em relação àqueles criados em um lar com casal parental. Obviamente, a realidade empírica não sustenta essa afirmação. Muitos dos homens, negros ou não, que se tornaram líderes importantes em nossa sociedade, homens de sabedoria, integridade e ação correta, foram criados por mães solo. É verdade que há exemplos de meninos criados por mães solo que não obtiveram sucesso na vida, mas vemos os mesmos problemas em meninos que tiveram presentes como cuidadores tanto a mãe quanto o pai. No caso do meu próprio irmão, criado em um lar patriarcal temente a Deus, no qual nossa mãe não trabalhava e nosso pai sustentava a família financeiramente, ter sido humilhado por nossos pais por ser sensível e gentil e por não ser um atleta famoso o feriu e foi terrivelmente prejudicial para seu crescimento. Sua inclinação temporária a um comportamento irresponsável e ao vício estava totalmente relacionada à falta de cuidado amoroso do nosso pai. Até que esta nação possa reconhecer que os pais patriarcais que usam coerção e outras formas de violência para disciplinar crianças não criam filhos e filhas sadios e com amor-próprio, não haverá uma compreensão inequívoca do valor dos homens que escolhem ser pais amorosos. Ao mesmo tempo, quando esse conhecimento é levado em consideração por aqueles que julgam duramente famílias monoparentais, o valor da contribuição das mulheres para criar meninos saudáveis pode ser plenamente reconhecido.

Sem dúvida, mulheres podem criar meninos psicologicamente saudáveis e íntegros. Mães solteiras que educam sozinhas os filhos parecem entender melhor do que ninguém que é importante que eles tenham uma interação positiva e cuidadosa com os homens. Antes do colapso das moradias comunitárias e da formação do mundo privatizado dos empreendimentos habitacionais, que isolaram mulheres e crianças pobres, não havia mães solo negras que educassem uma criança sem a participação de homens adultos mais velhos e de amigos. E, mesmo diante dos obstáculos criados pelos conjuntos habitacionais, as mães solo negras amorosas se certificam de que seus filhos tenham a oportunidade de aprender com os homens interagindo com eles. Elas consideram isso importante tanto para meninos quanto para meninas. Mais uma vez, deve-se afirmar que as mães solo recebem bem a participação de pais que cuidam. Não há provas do contrário. No entanto, há muitas evidências de que homens dominadores e problemáticos, violentos e abusivos não são bem-vindos em lares saudáveis chefiados por mulheres. Muitas internalizaram a culpa pela monoparentalidade, que foi injustamente colocada sobre elas por nossa sociedade, e procuraram levar o homem para casa e mantê-lo lá, mesmo quando ele era inconveniente, explorador e cruel. Essas mulheres estavam apenas seguindo os ditames de uma sociedade que lhes diz que o lar é um lugar melhor se um homem estiver presente.

Nenhuma casa é um bom ambiente para educar crianças se o casal parental não for amoroso. Há uma grande diferença entre lares sem amor chefiados por mulheres e aqueles que são amorosos. Uma pessoa disfuncional exercendo a parentalidade não criará um ambiente saudável para as crianças. Isso é verdade tanto para lares chefiados por mães solo quanto para aqueles chefiados por homens solo, assim como para famílias chefiadas por um casal parental. Crianças crescem melhor física e emocionalmente em lares onde são amadas.

É evidente que uma mulher solteira, isolada, pobre, que ainda não está emocionalmente madura, que não conhece o amor, que não sabe como dar amor a si mesma nem aos outros, não será uma boa mãe. Suas disfunções emocionais impedem seu próprio crescimento e a tornam incapaz de ajudar outras pessoas a crescer. Com muita frequência, jovens negras solteiras que engravidam não por escolha mas por infortúnio (falha no uso ou no método do controle de natalidade, sexo coercivo) e dão à luz um filho que não desejavam não exercem boa parentalidade. Essas mães podem até receber benefícios assistenciais, mas não lhes é permitido obter experiência ou formação laboral. Como consequência, é possível que fiquem presas em uma adolescência prolongada e passem o dia assistindo à televisão ou sem fazer nada. Elas são os alvos principais da depressão e da dependência. Fracassar como mãe e não conseguir criar um ambiente familiar saudável não é consequência de ser solteira nem resultado de seu status econômico; é um reflexo da falta de autodesenvolvimento e autorrealização. Criados em meio à disfunção, seus filhos muitas vezes não aprendem as habilidades necessárias para crescer e prosperar nesta sociedade. Então, um ciclo geracional de disfunção é colocado em prática. Isso é, sem dúvida, um problema que não será resolvido simplesmente adicionando um homem ao cenário, ainda que fosse possível — o que não é, porque a demografia, as escolhas de parceiros, as orientações sexuais e o encarceramento em massa tornam essa uma expectativa pouco realista.

Os críticos de mães solo negras insultam a inteligência das famílias quando sugerem que os problemas nos lares disfuncionais podem ser resolvidos se os homens assumirem o controle, ou até mesmo simplesmente colocando um homem adulto em casa. Em geral, o ataque às mães solo que recebem benefício assistencial visa unicamente fortalecer a posição de partidos políticos e elites econômicas que desejam acabar com o auxílio do Estado. Embora a maioria das mulheres, sobretudo as beneficiárias, entenda a necessidade de uma reforma do sistema de assistência social, elas também sabem da importância do auxílio estatal em uma sociedade com graves problemas de desemprego e sem um sistema de saúde público acessível. Os principais benefícios assistenciais têm sido em habitação e saúde. Ainda que a assistência monetária que as mulheres recebem seja vital para sua sobrevivência, ela é uma ninharia se comparada com a verba realmente necessária para a manutenção de um lar. Sempre penso que os homens que falam com tanta eloquência contra a assistência social — muitos dos quais têm filhos, mas não exercem a parentalidade, mesmo que contribuam economicamente com a casa — deveriam ter que manter um lar, como cuidadores, por um mês, dependendo do auxílio do Estado. Apesar da realidade do abuso infantil em todas as famílias, independentemente da classe, e sobretudo em famílias pobres e totalmente destituídas, é espantoso que as crianças não morram em consequência da miséria e do sofrimento que são forçadas a suportar.

Se líderes negros, em especial homens, continuarem a ignorar as valiosas contribuições das mães solo para a estabilidade da vida familiar negra, eles enfraquecerão e, por fim, destruirão essas contribuições essenciais, esse esforço de criar lares saudáveis para si mesmas e para seus filhos. Obviamente, dadas as probabilidades que não as favorecem, e apesar de proporcionarem os cuidados adequados, muitas mães solo são incapazes de criar uma vida familiar ideal. Devemos elogiar as mães solo negras que trabalham ou recebem benefício assistencial e conseguem, diante de adversidades e circunstâncias que não são capazes de mudar, criar ambientes domésticos amorosos. Elas precisam receber subsídios a fim de escrever diretrizes para suas semelhantes disfuncionais e todas as pessoas que exerçam a parentalidade em circunstâncias não ideais. Essas mulheres são visionárias e detentoras de grande sabedoria sobre a natureza do amor para compartilhar com nossas comunidades e a nação. Mesmo desvalorizadas e não reconhecidas, elas realizam todos os dias o trabalho de amar.

08.
masculinidade negra amorosa: pais, amantes, amigos

Em meu livro de memórias da infância, *Bone Black*, a seção dedicada a meu avô começa da seguinte maneira: "Seus cheiros enchem minhas narinas com o aroma da felicidade. Com ele, todos os cacos do meu coração são colados, reunidos, pedaço por pedaço". O pai de minha mãe, Gus, era um ser humano incrivelmente gentil e bondoso. Homem quieto, sem palavras duras, respeitado diácono de sua igreja, ele me concedeu o amor incondicional que me proporcionou a base psicológica para confiar na bondade masculina. Ele não era um patriarca. Casado com Baba, nossa avó, por mais de setenta anos, também esteve presente em nossa vida e na vida de seus filhos. Em seu leito de morte, expressou amor e devoção a Baba. Ele foi, como o pastor dizia, um dos homens que eram a mão direita de Deus, um bom e fiel servo do divino.

Meu pai, o sr. Veodis, é um homem patriarcal. Assim como meu avô, ele é um respeitado diácono em sua igreja. Também é um homem quieto, mas as semelhanças acabam aqui. Papai é capaz de palavras e ações severas. Foi criado em um lar onde seu pai não estava presente e só veio a conhecê-lo tarde na vida. Durante toda a nossa infância, foi um protetor e provedor rigoroso. Ser viril significava evitar qualquer preocupação com o amor. De acordo com os padrões patriarcais, ele é "muito homem". Como pessoa no exercício da parentalidade, sempre esteve em conformidade com o ideal patriarcal. Foi um pai presente, educou sete crianças (seis meninas e um menino) e sempre proporcionou o sustento da casa. Durante a maior parte de nossa vida, esteve emocionalmente indisponível. Como homem patriarcal, sempre se apegou à crença de que cuidar do lar e das necessidades das crianças é trabalho de mulher. Agora que tem quase oitenta anos, papai ficou mais engajado emocionalmente. Com seus netos, é terno e carinhoso, sendo presente para eles de uma forma como nunca foi para nós.

Nosso irmão foi, desde o início, uma decepção para papai. Como o vovô Gus, nosso irmão é, por natureza, gentil e bondoso. Não é um homem de palavras e ações duras. Apesar de gostar de esportes quando menino, ele não estava tão interessado em ser uma figura de destaque nessa área. Nosso pai foi soldado e esteve na guerra. Tínhamos fotos dele jogando basquete, no ringue de boxe, fotos dele com sua unidade de infantaria composta totalmente de pessoas negras. Meu irmão não era bom nos esportes; foi uma decepção para nosso pai, e, como castigo, ele lhe negou afeto e afirmação.

No mundo em que cresci, homens negros adultos estavam presentes na maioria das casas; assim como meu pai, eram provedores e protetores. Os irmãos de mamãe eram uma presença constante em nossa vida e na vida de seus filhos. Eles eram carinhosos, engraçados, solidários. Mamãe amava seu pai e seus irmãos. O pai do meu pai, vovô Jerry, também era uma presença amada em nossa infância. Na época, não sabíamos que ele não estivera presente na vida de nosso pai quando ele era menino. Sabíamos apenas que papai fora criado como filho único de uma mãe severa e exigente. Sua infância não foi fácil. Ele sempre trabalhou duro. Havia uma masculinidade negra tão diversa no mundo de nossa infância que, para qualquer um de nós, seria impossível ter uma compreensão unidimensional da vida negra. Sabíamos por experiência própria que alguns homens negros eram gentis e bondosos; outros, cruéis e indiferentes; que alguns pais eram presentes, e outros, ausentes. Todas as nossas instituições segregadas eram lideradas por negros benevolentes patriarcais, homens respeitados e admirados.

Por ter vindo desse ambiente, quando cheguei à faculdade, no início dos anos 1970, fiquei impressionada com a maneira como os homens negros eram descritos em romances e em textos de sociologia e psicologia. Com esses livros, aprendi que os homens negros eram irresponsáveis, preguiçosos e não estavam dispostos a assumir responsabilidades em relação à família; que, mesmo quando queriam ser provedores e protetores, não conseguiam, porque eram "castrados". Ainda me lembro de procurar no dicionário a palavra "castração" e refletir sobre seu significado: "tornar-se impotente por meios psicológicos". Meu espanto foi ainda maior quando soube que foram as mulheres negras matriarcais que emascularam e castraram os homens negros. No início, achei esse material divertido, porque era absolutamente ridículo; não estava, de forma alguma, em conformidade com minha vivência. Parecia apenas com as ficções distorcidas da supremacia branca.

Nosso pai sempre teve muita consciência de como o pensamento e a ação da supremacia branca subordinavam os homens negros. Ele nos ensinou desde cedo que o homem branco não queria que o homem negro fosse homem, por isso tentou diminuí-lo, negando-lhe empregos, encorajando-o a agir como menino. O sr. Veodis tinha orgulho de não ser "menino de ninguém". Esse contexto crítico me proporcionou a informação necessária para questionar e desafiar o material com que deparei na faculdade. Era evidente que as perspectivas sobre a masculinidade negra que eu estudava haviam sido moldadas pelo pensamento racista, por mitos e estereótipos. Não demorou muito para eu perceber que as discussões acadêmicas sobre a masculinidade negra, baseadas em estudos da vida real, destacavam as experiências de homens negros urbanos pobres e faziam disso a norma representativa. Nesses estudos não havia masculinidade negra diversa, nenhuma gama ampla de opções que um homem negro pudesse escolher para definir o eu e o mundo.

Os homens da geração de meu pai, nascidos e criados em períodos de apartheid racial intenso, eram muito mais politizados sobre o racismo e o imperialismo do que os jovens negros que conheci na faculdade — muito mais propensos a culpar as mulheres negras, e não a supremacia branca, por diminuir o homem negro. Isso era muito diferente de quando papai voltava do trabalho e eu o ouvia cumprimentar nosso vizinho negro, que trabalhava nas minas: "Não é nada não, homens brancos no comando". Não houve nem um dia na vida de papai e na vida de seus companheiros trabalhadores em que eles não estivessem bem conscientes da injustiça racial e do impacto que ela causava em suas vidas. Esses homens negros não se viam como vítimas especiais da supremacia branca; sabiam que isso machucava todos os negros. Estiveram entre os primeiros negros a lutar por este país em guerras intercontinentais, foram tratados com ódio e desprezo, e esperava-se deles que morressem por um país que não os deixaria viver como homens. Eles sabiam quem era o inimigo, e não era a preguiça (sabiam que não eram preguiçosos porque trabalhavam pesado por longas horas todos os dias). Também sabiam que as mulheres negras não eram inimigas, porque delas eram os braços que os envolviam e os alimentavam quando voltavam para casa depois de combater a guerra do homem branco e de trabalhar no mundo dos homens brancos.

Gerações de homens negros que vieram depois de meu pai, homens como meu irmão, foram, até certo ponto, protegidas do ódio e do desprezo do mundo branco de uma forma como seus pais não foram. Esses jovens negros não conviveram com o medo diário de ser linchados ou baleados sem hesitação, com impunidade para o agressor, se saíssem de seu lugar. No entanto, esses jovens negros contemporâneos tinham, e têm, um nível de descontentamento e de raiva que era, e é, muito mais profundo do que a raiva de seus pais, porque suas expectativas eram, e são, maiores. Todos os ganhos da luta por direitos civis os levaram a sentir que tinham direito a tudo o que este país podia oferecer, a todos os benefícios, a todos os privilégios. Sentiram que possuíam mais privilégios do que as mulheres negras, ou qualquer grupo de mulheres, por terem sido enviados pelo país a guerras. Eles deveriam dar a vida pela nação e esperavam que a nação lhes desse algo em troca.

O pensamento patriarcal alimentou a ira masculina negra no fim dos anos 1960 e no início dos anos 1970. Essa nova geração de jovens negros patriarcais nunca havia sofrido os abusos que seus pais e avós conheceram, mas eles estavam mais inclinados a chorar, lamentar e esperar que suas lágrimas secassem. Estavam dispostos a desempenhar o papel de vítima ao máximo se isso significasse superação. Ao contrário de seus ancestrais negros, eles eram fundamentalmente oportunistas. O livro de memórias de Elaine Brown, *A Taste of Power* [Um gosto do poder], documenta de maneira dolorosa como muitos jovens negros líderes do movimento *black power* estavam psicologicamente confusos. Obcecados por visões grandiosas de poder, estavam dispostos a dominar e coagir como forma de afirmar controle e concentrar poder. Embora líderes negros desafiassem a supremacia branca de maneiras eficazes, eles enfraqueceram a luta antirracista ao abraçar o patriarcado de modo acrítico, projetando a falsa ideia de que as mulheres negras eram inimigas dos homens negros.

Ao contrário das gerações de homens negros patriarcais trabalhadores que os precederam, aceitaram passivamente o relato do homem branco sobre a masculinidade negra e o adotaram. Eles não queriam ser como seus pais. Nathan McCall atesta esse fato em seu livro de memórias *Makes Me Wanna Holler*:

> Nunca ouvi meus amigos dizerem que gostariam de ser como o pai quando crescessem. Por que iríamos querer isso se sabíamos que o pai de cada um de nós era severamente criticado? Seria dizer que queríamos ser criticados também. Se fosse o caso, queríamos ser o oposto deles. Não queríamos trabalhar para o homem branco e acabar como eles.

Essa era a mentalidade que levava as novas gerações de homens negros a aceitar a noção racista de que seus pais não eram homens "de verdade" e, com isso, acatar a ideia de que as mulheres negras estavam, de alguma forma, em conluio com homens brancos para manter o homem negro rebaixado.

Em todos os outros momentos da nossa história, homens negros e mulheres negras reconhecemos que estávamos juntos na luta. Supunha-se, porém, que parte do que a liberdade acabaria trazendo era um estilo de vida em que todos os homens negros pudessem ser patriarcais e manter a mulher subordinada. Para meu pai, era motivo de orgulho que mamãe não trabalhasse fora de casa enquanto crescíamos. Às vezes, quando ela fazia pequenos trabalhos, para nos comprar presentes, ele não gostava e sentia que ela estava nos mimando. Por acreditar que trabalho árduo cria disciplina, ele achava importante que aprendêssemos, ainda crianças, a nos sacrificar e trabalhar duro. Meu irmão não compartilhava essa ética de trabalho. Ele queria que a vida fosse fácil. Quando não era, ele e os homens de sua geração procuravam alguém para culpar. Nosso pai e os homens negros da geração dele sempre souberam que a supremacia branca era o problema, não as mulheres negras. Quando a geração mais jovem de homens negros não podia colocar a culpa de tudo no racismo dos brancos, eles tinham como alvo as mulheres negras.

No início dos anos 1970, muitos jovens negros começaram a denunciar as mulheres negras como traidoras. Seguindo a linha de pensamento do relatório Moynihan,[14] que sugeria haver um matriarcado negro que tirava o poder dos homens, eles começaram a sugerir que as mulheres negras seriam mais subordinadas se os homens negros assumissem seu lugar patriarcal. O amor não era o problema, a questão era a guerra homossocial que eles tinham com os homens brancos. Quando Eldridge Cleaver publicou *Soul on Ice* [Alma no gelo], ele não estava denuncian-

---

14. Estudo publicado em 1995 pelo sociólogo e político Daniel Patrick Moynihan, que afirmava que a ausência da "família nuclear" (pai e mãe) era um dos principais fatores de dificuldade de ascensão social dos negros no país. [N.E.]

do estereótipos racistas/sexistas que rotulavam todos os negros como estupradores. Adotando a identidade de estuprador, ele se gabou de estuprar mulheres negras como treinamento para estuprar mulheres brancas. Cleaver e os homens negros que pensavam como ele estavam conduzindo uma guerra contra homens brancos para definir quem era o homem de verdade, o valentão, o fodão. Na esteira do movimento feminista contemporâneo, os homens negros estavam desafiando os homens brancos a se levantar e celebrar a masculinidade patriarcal enraizada no ódio às mulheres. Cleaver e outros líderes negros autodeclarados nada disseram sobre o amor.

É importante nos lembrarmos de que o mercado editorial que imprimia e vendia *Soul on Ice* era dominado por homens brancos. Enquanto os brancos patriarcais estavam fingindo responder às demandas do movimento feminista, eles permitiam e até incentivavam homens negros a dar voz a sentimentos violentos de ódio às mulheres. Uma vez que os homens negros eram retratados como vítimas, castrados e emasculados, mulheres brancas e negras perdoavam sobretudo o sexismo masculino negro. Quando mulheres negras individualmente ativas no movimento feminista questionamos a misoginia do homem negro, fomos atacadas, tachadas de traidoras da raça. A publicação de *Black Macho and the Myth of the Superwoman* [O macho negro e o mito da supermulher], de Michele Wallace, foi a primeira grande tentativa que uma mulher negra fez de criticar o ódio dos homens negros às mulheres.

Havia uma aceitação tácita de que, se homens negros tivessem acesso aos privilégios patriarcais que, em sua maioria, lhes foram negados, eles amariam a si mesmos. Se recuperassem a masculinidade perdida, com ela viriam, intactos, a autoestima e o amor-próprio. Tragicamente, os homens negros não venceram a guerra contra os patriarcas brancos. Nossos líderes foram assassinados e presos. O movimento que começara potente terminou inefetivo. Apesar de muitas vidas terem sido perdidas, as pessoas negras não ficaram livres. Sem a luta militante, mulheres brancas ganhavam direitos e acesso a empregos que haviam sido negados a negras e negros. A ascensão das mulheres brancas, que estavam ganhando sua luta pela igualdade de direitos com os homens de sua classe, parecia intensificar a raiva dos homens negros, e eles deram voz pública ao ódio feroz às mulheres. Esses jovens desrespeitaram e desvalorizaram o lugar das mulheres negras nas lutas pela liberdade. Sua masculinidade recém-descoberta só poderia ser afirmada quando eles subordinassem as mulheres.

No campo da masculinidade, a imagem do príncipe negro militante lutando por sua liberdade foi logo substituída pela imagem de playboy insensível, "o cafetão". Incapazes de sustentar uma masculinidade patriarcal competitiva no mundo do trabalho, onde o controle ainda estava em mãos brancas, muitos homens negros patriarcais olhavam para a arena sexual como o lugar onde poderiam salvar a autoestima ferida. Embora talvez não tivessem o poder político e econômico dos homens brancos patriarcais, eles puderam superá-los no campo sexual. Quando se tratava de sexo, eles podiam ganhar. Livros como *Gentlemen of Leisure: A Year in the Life of a Pimp* [Senhores do lazer: um ano na vida de um cafetão] exaltavam as recompensas de explorar mulheres, brancas e negras, para se recuperar. Aceitar imagens sexuais racistas/sexistas e desumanas deu aos homens negros permissão para usar e abusar de mulheres negras. Criou uma divisão entre os sexos de maneira a minar a luta antirracista.

Uma vez que a imagem do playboy foi projetada como desejável, para homens negros tornou-se mais aceitável ser pai sem assumir a responsabilidade de exercer a parentalidade. Os negros da geração de meu pai desejavam ser patriarcas benevolentes, homens que proveriam e protegeriam as mulheres e as crianças da família. Seriam chefes de família que não precisariam usar força ou coerção para dominar. Ainda que enxergassem as mulheres como diferentes e até mesmo inferiores, não toleravam o uso da força para subordiná-las. Os patriarcas não benevolentes compartilhavam a suposição de que mulheres eram diferentes e inferiores, mas as viam também como más e traiçoeiras. Dedicavam-se a odiar mulheres. Chefiavam por meio da coerção e da dominação. Essa era a masculinidade encarnada pelo cafetão, e que estava representada em filmes como glamorosa e poderosa. E esta é a masculinidade que os jovens negros estão cada vez mais abraçando. O rap misógino e a cultura de ódio às mulheres do hip-hop continuam a incitar homens negros a odiar mulheres e considerar "bacana" ser predador sexual. Quando o porta-voz do hip-hop progressista Kevin Powell critica o sexismo masculino negro, costuma ser ridicularizado por homens e mulheres desinformados, colegas de profissão. Seu perspicaz e poderoso ensaio "Confessions of a Recovering Misogynist" [Confissões de um misógino em recuperação] abre novos caminhos ao criar espaço para jovens negros e negras confrontarem construtivamente o sexismo, mudando atitudes e comportamentos.

A masculinidade agressiva do cafetão não valorizou nem valoriza o amor. O playboy não tinha interesse em se casar e formar uma família. Publicado nos anos 1970, o livro de Barbara Ehrenreich sobre a masculinidade, *The Hearts of Men: American Dreams and the Flight from Commitment* [O coração dos homens: sonhos americanos e a fuga do compromisso], chamou a atenção para o fato de que homens brancos acolheram amplamente a masculinidade playboy. O novo playboy estava determinado a se divertir e disposto a usar e abusar das mulheres no processo. Seu valor e sua excelência eram determinados pela capacidade de seduzir mulheres. Filhos e família não eram importantes. Ainda que pessoas brancas conservadoras atacassem a masculinidade negra, rotulando-a de instável e irresponsável, não criticavam o playboy branco. Conforme envelhecia, a maioria dos homens brancos desistia da diversão e se casava; já os homens negros que abraçavam a masculinidade dos cafetões tentavam ser garanhões para sempre. Se eles se casavam, o relacionamento era dilacerado por infidelidade e traição. Os playboys brancos legitimavam a rejeição à paternidade, mas, quando essa postura era adotada por homens negros, as consequências para a vida familiar negra eram desastrosas.

À diferença de mitos racistas/sexistas populares, as chamadas "mulheres negras matriarcais" não criavam instabilidade nas famílias negras. Muitas vezes a família negra era desestabilizada, primeiro, em razão da presença de pais negros frustrados e irados e, então, de pais ausentes. Em *Makes Me Wanna Holler*, Nathan McCall é corajoso ao argumentar que pais amargurados e raivosos não criam lares felizes:

> É por isso que balanço a cabeça quando ouço os chamados "especialistas sociais" insistirem nos problemas das famílias monoparentais negras. Eles não entendem que a questão é mais profunda

do que isso. Um lar com um casal parental não é melhor do que um com apenas uma pessoa exercendo a parentalidade se o pai for um derrotado fodido da cabeça. Não há nada mais perigoso e destrutivo em um lar do que um homem negro frustrado e oprimido.

Nesta sociedade, desde que o pensamento patriarcal convencional socializou mulheres e homens para entenderem a parentalidade como tarefa feminina, não houve nenhum alvoroço em relação ao fato de homens negros abdicarem do papel de pais.

Nos anos 1980, à medida que mais homens brancos também tentavam escapar do casamento e da família, livros como *Síndrome de Peter Pan*, de Dan Kiley, deram voz a um alarme cultural. A obra, no entanto, concentrava-se em homens brancos, embora as ideias básicas descrevessem também muitos homens negros. O argumento de Kiley era que os garotos estavam aprendendo que crescer significava trabalhar duro e se tornar um patriarca benevolente que cuida dos outros e provê. A síndrome de Peter Pan surge quando um menino decide permanecer jovem para sempre e passar a vida festejando e se divertindo. Kiley afirmou: "A irresponsabilidade é a chave para se permanecer criança". Nas comunidades negras, os homens tinham uma vantagem a mais: colocar a culpa de seu comportamento irresponsável na falha do sistema em criar empregos.

Uma vez que os princípios da masculinidade patriarcal sustentavam a noção de que não era viril exercer a parentalidade amorosa, a maioria dos homens negros desempregados não dedicava seu tempo livre às crianças; eles passavam esse tempo com os amigos. Apesar de um enorme *corpus* de trabalhos críticos sobre a importância dos pais, o pensamento patriarcal ainda incentiva mulheres e homens a acreditarem que a contribuição paterna para a criação dos filhos nunca é tão importante quanto a das mães. É natural que uma cultura que ensina a todos que os pais existem para fornecer sustento material não valorize o acolhimento emocional que eles podem proporcionar. Isso tem sido especialmente verdadeiro na vida negra.

Quando decidi que queria ter um filho, meu parceiro negro na época sentiu que não estava preparado para a paternidade. Como eu acredito que filhos devem ser desejados por ambas as pessoas do casal parental, respeitei a decisão dele. Ao compartilhar essa informação com amigas de diferentes raças, fiquei chocada com a insistência delas em dizer que, se era o que eu queria, eu deveria ter um bebê e ignorar os desejos do meu parceiro. Essas opiniões foram chocantes para mim, pois sabemos como as crianças sofrem quando o pai é frio e indiferente. Contrariamente ao que nos dizem sobre pais ausentes, concentrar-se em saber se o pai é presente em casa faz que se ignore a questão mais importante: o amor paterno. Enquanto a nossa sociedade desvalorizar a importância do acolhimento emocional e do amor vindos do homem, será negada às crianças uma relação saudável com o pai. Todas as crianças precisam ter conexões positivas com pessoas de ambos os sexos. E elas desejam ter conexão com o pai tanto quanto com a mãe. Isso não significa que crianças cujo pai é presente em casa sejam necessariamente mais saudáveis.

Obviamente, muitas crianças criadas sem pai conseguem crescer e se tornar adultos saudáveis e maduros. Isso não significa que elas não sintam uma tristeza profunda diante da ausência paterna. Em *Whatever Happened to Daddy's Little Girl* [Seja lá o que tenha acontecido com a filhinha do papai], Jonetta Rose Barras explora a dor das filhas sem pai. Ela afirma:

Uma menina abandonada pelo primeiro homem da sua vida sempre nutre sentimentos fortes sobre ser indigna ou incapaz de receber amor de qualquer homem. Crianças educadas nas famílias lésbicas mais afetuosas muitas vezes ainda anseiam por saber sobre o pai. Quando o conhecimento que recebem é verdadeiro e reconfortante, elas não se sentem psicologicamente fragilizadas. O amor do pai ajuda a criar a base para a autoestima saudável da criança.

É psicologicamente prejudicial para as crianças quando o pai não é amoroso. A maioria dos pais negros raras vezes está completamente ausente da vida de um filho. Eles podem aparecer e desaparecer. A questão, novamente, é o que eles oferecem quando estão presentes. E muitos pais negros não oferecem nada, porque a sociedade lhes disse, e a todas as outras pessoas, que as contribuições emocionais dos homens não têm significado ou que, para serem homens de verdade, devem evitar afeição, afirmação e amor. Em nossa família, o único menino foi ferido não porque papai não estivesse presente, mas porque ele sempre tratava o filho com desprezo e desdém, minando sua autoestima e sua autoconfiança. Isso é comum na vida familiar patriarcal. A maioria dos colaboradores da antologia *Father Songs: Testimonies by African-American Sons and Daughters* compartilhou histórias de abuso emocional e/ou físico do pai. Em alguns casos, os pais estavam presentes na família apenas por um dia, uma semana ou um mês, mas nesse curto período conseguiam causar estragos emocionais e, por vezes, ferir e marcar as crianças para toda a vida.

Um componente central do pensamento patriarcal é que o papel masculino é disciplinar os filhos. Em muitos lares, esse pensamento validou a cruel punição física de crianças aplicada por homens adultos. Como as mulheres também são socializadas para aceitar o pensamento patriarcal, muitas delas acreditam que um homem está desempenhando seu papel adequadamente quando age como um disciplinador autoritário. Nos últimos anos, pensadores e líderes negros se uniram a vozes brancas conservadoras para atacar famílias chefiadas por mulheres e proclamar a necessidade de uma presença masculina. No entanto, raramente esses homens falam sobre as qualidades significativas que os homens negros devem apresentar em seu papel de pais. Nenhum desses homens fala sobre a arte de amar.

Se todos os críticos da vida familiar negra que enfatizam a importância da presença masculina negra estivessem concentrados na questão do amor, eles não poderiam insistir, como fazem, em dizer que meninos precisam do pai mais do que meninas. Em seu livro de memórias, *Laughing in the Dark* [Rindo na escuridão], Patrice Gaines compartilha a ideia de que

> os pais são tão importantes para as meninas quanto para os meninos. [...] Alguns pais, como o meu, estão ausentes mesmo quando presentes. [...] Meu eu mais profundo sabia que, antes de sair para o mundo e encontrar um homem para amar, precisava ser amada pelo primeiro homem da minha vida. Eu precisava de um amor vasto e básico por meio do qual pudesse julgar o amor de todos os outros homens.

Gaines, como muitos de nós, nunca recebeu de seu pai a afirmação de seu valor, pela qual tanto ansiava. Quando os pais estão presentes, mas são indiferentes ou cruéis, eles causam danos. Um pai que raramente vê um filho, mas lhe dá

167

amor, contribui mais para o crescimento emocional da criança do que um pai que está presente, mas sempre indiferente, que humilha, coage e emprega todos os tipos de comportamento abusivo.

Todos em nossa cultura relutam em falar sobre a importância do amor paterno. No momento em que colocamos o amor em pauta, temos de falar sobre todas as forças em nossa sociedade que nos impedem de ser amorosos, de nos amar e de amar os outros. Pais amorosos não abandonam a família. Portanto, se toda a nossa cultura ensinasse a cada homem a arte de amar, não teríamos o problema da ausência paterna. Dentro do patriarcado supremacista branco capitalista, homens negros que abraçam os valores dessas ideologias têm enorme dificuldade com a questão do amor-próprio. O pensamento patriarcal certamente não encoraja os homens a serem amorosos consigo mesmos. Em vez disso, incentiva-os a acreditar que o poder é mais importante que o amor, sobretudo o poder de dominar e controlar os outros.

A maioria dos homens em nossa sociedade é mais obcecada com a masculinidade do que com a questão de ser ou não amoroso. Frank Pittman escreve, em *Man Enough* [Homem o bastante]:

> A grande paixão na vida de um homem talvez não seja por mulheres, nem homens, nem riqueza, nem brinquedos, nem fama, nem mesmo por seus filhos, mas sim por sua masculinidade, e em qualquer momento da vida ele pode ficar tentado a abrir mão das coisas pelas quais normalmente se sacrifica em prol dessa masculinidade.

Isso tem sido verdadeiro demais para a maioria dos homens negros. Todos os dias, homens negros se matam para provar sua masculinidade. Entendendo as implicações disso, o poeta negro Essex Hemphill questionou a projeção sexista das mulheres negras como inimigas dos homens negros. Em uma conversa com Isaac Julien, publicada na antologia *Speak My Name* [Fale o meu nome], ele compartilhou: "É importante perceber que não são as mulheres negras que estão atirando umas nas outras. As mulheres negras não estão nos matando com um tiro nem nos espancando até a morte. Nós estamos fazendo isso". Tragicamente, a obsessão do homem negro com a masculinidade é a barreira que os impede de aprender a amar a si mesmos e os outros.

Os homens negros amorosos encontram o caminho do amor ao abandonar o pensamento patriarcal que insiste em defini-los a partir do que fazem com o pênis ou do quanto conseguem ser brutos, maus e dominadores com outra pessoa. O pensamento feminista é útil para homens negros e para todos os homens que estão lidando com a questão do amor-próprio porque oferece estratégias que lhes permitem desafiar e mudar a masculinidade patriarcal. Oferece aos homens uma visão de masculinidade libertadora. Na maioria das famílias, os homens são ensinados a não gostar do próprio corpo, a se desconectar dele, a acreditar que eles têm uma sexualidade incontrolável que trará problemas. Todo esse pensamento enfraquece a autoestima e a autoconfiança de um homem jovem. Na vida negra, os homens aprendem com frequência, por um lado, a se identificar demais com o pênis e, por outro, a enxergar o pênis e a sexualidade como sendo, em geral, inimigos do bem-estar. Isso então cria o contexto para utilizar as mulheres como bodes expiatórios e culpá-las, sejam elas mães ou amantes.

Como parte de seu processo de desenvolvimento de uma consciência feminista, Kevin Powell reflete sobre esse bode expiatório e o descreve em *Keepin' It Real*:

Eu me lembrava de odiar minha mãe e culpá-la por tudo o que era terrível em minha vida: a ausência de meu pai, a pobreza, a intensidade com que eu me odiava. Eu me lembrava de como os meninos e os homens da minha vizinhança conversavam com a mãe e as irmãs, com namoradas e a esposa. Com muita frequência, eles depreciavam ou insultavam essas mulheres ou as culpavam por seus problemas.

Quando homens negros param de culpar as mulheres ou qualquer força fora de seu controle por sua incapacidade de assumir a responsabilidade pela própria vida, eles estão no caminho do amor-próprio e da cura.

Ainda que não explore o problema com profundidade, Kevin Powell levanta uma questão pertinente relativa ao fato de sua mãe ter, muitas vezes, assumido total responsabilidade pelas necessidades do filho; como consequência, ele não aprendeu habilidades necessárias de cuidados básicos. Dan Kiley identificou isso como um dos sintomas da síndrome de Peter Pan. As mães negras, como outras mulheres na sociedade patriarcal, muitas vezes sentem que estão desempenhando seu papel legítimo ao servir os homens, sejam maridos ou filhos. Não é incomum ouvir jovens negros apresentarem demandas a avós, mães e irmãs, e isso é visto como um sinal de masculinidade saudável. Na realidade, o homem que nunca aprende como cuidar de suas necessidades básicas é infantilizado. Mães que mimam filhos e permitem que sejam irresponsáveis não são amorosas; suas ações são motivadas pelo desejo de amarrar o menino a elas. Esse é um contexto que gera incesto emocional, algo tão perigoso para a autoestima de um menino quanto o incesto físico. Todos nós já ouvimos homens negros elogiarem a mãe e culparem todas as outras mulheres em sua vida que não subordinam suas necessidades às deles, da maneira como sua mamãe fazia.

Diferentemente do mito popular, meninos criados em famílias monoparentais chefiadas por mulheres em geral aprendem o pensamento patriarcal nesses lares. Muitas vezes, é a mãe quem ensina que mulheres devem ser subordinadas aos homens, os quais, em virtude da masculinidade, devem ter mais poder e privilégio. Quando a sociedade patriarcal afirma essa verdade, o desrespeito das mães é ecoado. Elas, assim como outras mulheres, podem ser responsabilizadas por ser a fonte da infelicidade e do fracasso dos homens na vida.

O outro lado da mãe subordinada indulgente, que se desdobra para satisfazer todas as necessidades do filho homem, é a mãe dominadora, verbal e/ou fisicamente abusiva, que usa a humilhação constante e a desonra como meio de disciplinar o menino. Com perspicácia, em *The Mermaid and the Minotaur* [A sereia e o minotauro], Dorothy Dinnerstein relaciona essa dominação feminina no início da vida do menino à propensão à violência masculina contra as mulheres na vida adulta. Nas casas biparentais, onde o homem adulto degrada a mãe, meninos que testemunham isso podem ser dominados por culpa e passar a vida tentando dar a ela o cuidado que lhe foi negado. Em todos os lares, sejam de família monoparental ou biparental, os meninos são afetados quando a mãe os força a serem parceiros simbólicos. Ainda que se esforcem para satisfazer a mãe, eles sentem raiva e ressentimento por terem sido colocados nessa posição.

Todas as mães solo, negras e não negras, que criam filhos saudáveis que mais tarde se tornam homens maduros e responsáveis, capazes de dar e de receber amor, sabem que é mentira que somente homens podem criar filhos do sexo masculino. A cultura patriarcal procura atualmente desvalorizar as mães solo, insistindo que não podem criar meninos e rapazes saudáveis, mesmo que não haja registros para mostrar que isso seja verdade. Todos os dados que temos disponíveis documentam o fato de que mães solo amorosas podem, e conseguem, exercer a parentalidade de filhos que são tão saudáveis quanto aqueles em famílias com um casal parental. Lares disfuncionais, independentemente de serem mono ou biparentais, raramente produzem rapazes psicologicamente saudáveis. Quando o foco está na vida negra e na parentalidade de meninos, a cultura dominante gosta de insistir que somente homens negros conseguem criar garotos saudáveis. Por trás dessa insistência está a suposição de que esses meninos precisam da disciplina coercitiva que apenas uma figura de autoridade masculina negra pode oferecer. Todas essas suposições sobre as necessidades dos meninos negros são formuladas por estereótipos racistas e sexistas que identificam essas crianças como ameaças perigosas à segurança de todos os outros; a autoestima delas deve ser controlada ou mesmo destruída no começo da vida. Tragicamente, cada vez mais pessoas negras endossam e apoiam essa linha de pensamento. Nenhum líder público fala sobre garotos negros precisarem de amor saudável, o que necessariamente inclui ensinar às crianças como serem disciplinadas e outras competências que tornam a vida melhor.

A quem interessa, na realidade, incutir na imaginação do público que somente homens negros conseguem criar um menino negro saudável em uma sociedade onde tantos homens negros se recusam a envolver-se na parentalidade? Seguir essa lógica levaria à suposição de que todos os homens negros criados em casas chefiadas por mulheres não são saudáveis, de que são disfuncionais. Certamente, esse pensamento não atende aos interesses dos garotos negros ou das mulheres que lhes proporcionam cuidados parentais. Embora esteja claro que meninos negros e todas as crianças precisam de conexões positivas com homens adultos, esses homens não precisam ser pais. Também está evidente que uma mulher sozinha pode criar um rapaz saudável. Por muito tempo, mães solo de todas as raças foram levadas a sentir que a falta de influência parental masculina é culpa delas. Ninguém impediu homens negros ou qualquer grupo masculino de exercer a parentalidade de seus filhos. Não há evidências que apoiem a ideia de que mães saudáveis tentam manter pais saudáveis longe de filhos ou filhas. A dura verdade que esta nação não quer enfrentar é que a maioria dos homens patriarcais, independentemente de sua identidade racial, não deseja exercer uma parentalidade amorosa.

Ataques contra mães solo negras que educam filhos do sexo masculino estão enraizados no ódio às mulheres. Eles fazem que todas as mães solo sintam que estão fracassando com o filho se não puderem contar com a presença do pai em casa. Ou incutem nas mães o temor de que estão prejudicando os filhos ao amá-los. Pittman sugere: "A mãe solo com seu filho sem pai talvez tema que o amor dela machuque o garoto. É possível que ela se afaste dele e, assim, retire a única parentalidade que ele recebeu. Ao protegê-lo daquilo que acredita ser seu amor perigoso, talvez, inadvertidamente, ela o torne órfão". Quando isso acontece, os meninos sofrem. Em *The Courage to Raise Good Men* [A coragem de criar homens bons], a terapeuta Olga Silverstein diz: "A fim de sermos boas mães, às vezes sacrificamos nossas crenças sobre o que é certo e o que é errado, abandonando nosso filho do sexo masculino à cultura predominante". Mães e pais saudáveis sabem que a visão patriarcal da masculinidade coloca os meninos em risco. Embora isso possa ajudá-los a se tornar homens "machões" aceitáveis e capazes de ser durões, não os ensinará a saber quem são, a ser responsáveis e capazes de amar. Mães negras que criam rapazes não sexistas na cultura patriarcal precisam se esforçar duplamente para combater as mensagens negativas sobre masculinidade e liderança feminina.

Opor-se a noções patriarcais de masculinidade é uma forma de apoiar meninos e homens em seus esforços para terem amor-próprio. Olga Silverstein identifica o homem bom como alguém que "será empático e forte, autônomo e conectado, responsável por si mesmo, pela família, pelos amigos e pela sociedade, além de ser capaz de compreender como, em última instância, essas responsabilidades são inseparáveis". Durante toda a minha vida, tive a oportunidade de conhecer o amor de homens negros "bons" e amorosos. Em todos os casos, esses homens eram indivíduos que ousaram romper com a masculinidade machista convencional e cuidar da alma e da vida interior. Quando os homens negros internalizam os valores do patriarcado supremacista branco capitalista, negam a necessidade de amar e ser amados. Homens negros descolonizados e maduros sabem que o amor é a força de cura que permite a verdadeira liberdade.

Sabem que homens e mulheres amorosos, juntos ou sozinhos, podem indicar o caminho da autorrealização para meninos negros e para homens negros perdidos que procuram encontrar o caminho de casa.

Jarvis Jay Masters é um homem negro amoroso encarcerado e condenado à pena de morte. Ao usar esse tempo de solidão forçada para explorar o interior de sua mente e de seu coração, ele chegou à conclusão de que muitos presos foram vítimas de abuso infantil extremo:

> Assim como vários desses homens, durante meus muitos anos de institucionalização, inconscientemente me refugiei atrás dos muros da prisão. Somente depois de ler uma série de livros para adultos que foram abusados quando crianças é que me empenhei no processo de examinar minha própria infância.

Filho de mãe viciada em drogas e com um padrasto violento, Masters, aos quatro anos, testemunhou a morte de seu irmãozinho. Percebeu que ele próprio, assim como outros homens negros, não temia a prisão porque é um lugar que "acolhe um homem cheio de raiva e violência". Ao aprender o amor-próprio, Masters praticou o perdão e a compaixão. Quando a mãe morreu, seus colegas não conseguiam entender seu desejo de estar com ela, porque ela o havia negligenciado. Sendo amoroso consigo mesmo, ele respondeu: "Mas eu devo me negligenciar também, negando que desejei estar com ela quando ela morreu e que ainda a amo?". Masters mostra que nunca é tarde para que os homens negros aprendam a arte de amar. Stevie Wonder canta: "Quero saber o que é o amor. Quero que você me mostre". Homens negros livres conhecem o amor.

175

09.
amor heterossexual: união e reunião

Nunca houve um momento nesta nação em que os laços de amor entre mulheres negras e homens negros não fossem atacados de forma severa. Se a escravidão não foi uma instituição suficientemente poderosa para destruir os laços que nos unem e conectam, temos todos os motivos para esperar que laços de amor, de união e de reencontro sejam sempre possíveis entre nós. No entanto, isso não significa que os relacionamentos heterossexuais entre negros e negras não estejam em crise; eles estão. Converse com qualquer pessoa negra que estava ativa nas lutas dos anos 1960 pela libertação negra, e ela se lembrará de que as reuniões mais lotadas foram as que se concentraram em relacionamentos heterossexuais entre pessoas negras. Essa foi a época em que líderes negros astutos reconheceram a necessidade de haver uma discussão crítica contínua sobre vínculos heterossexuais.

Laços de afeto e de amor cultivados em meio a trauma e opressão profundos têm resiliência capaz de inspirar e sustentar gerações. Nossa história como povo negro não pode, jamais, ser destacada apenas pela experiência da escravidão; em vez disso, deve-se destacá-la pela fusão das circunstâncias entre o livre e o confinado. Embora houvesse apenas um pequeno número de pessoas negras livres que escolheram migrar para este chamado Novo Mundo, a presença delas teve impacto profundo na imaginação das massas que foram escravizadas. Imagine como somente ver ou saber da existência de uma pessoa negra livre teria dominado a imaginação de qualquer indivíduo escravizado. No pequeno grupo de pessoas negras que migraram para as Américas por escolha, e não por coerção, homens negros eram maioria; havia poucas mulheres negras livres. Qualquer homem negro, livre ou escravizado, que quisesse estabelecer união com uma mulher negra precisaria confrontar a realidade da escravidão e da servidão por contrato.

Historicamente, todas as uniões entre negras e negros foram estabelecidas dentro de uma cultura de supremacia branca na qual todos os laços que não serviam aos interesses dominantes eram considerados suspeitos e ameaçadores. Nenhum grupo de pessoas negras sabia melhor que os escravos que a união positiva entre mulheres e homens negros ameaçava o direito de supremacistas brancos a corpos negros. Pessoas negras livres e escravizadas lutaram duramente para privilegiar essas relações por meio de rituais e cerimônias, tanto ilegais quanto legais, porque reconheciam que solidificar esses laços, ganhando o reconhecimento público de seu valor, era crucial para a luta pela liberdade. A leitura de relatos sobre relacionamentos negros heterossexuais durante a escravidão revela como o desejo de criar parcerias domésticas duradouras, fosse pelo casamento, fosse compartilhando a cabana (vivendo juntos sem a aprovação do clero), muitas vezes serviu como catalisador para inspirar indivíduos a resistir ferozmente à escravidão e a trabalhar pela liberdade. De forma significativa, lembrar que o pensamento supremacista branco é sempre desafiado por uniões amorosas entre homens negros e mulheres negras explica por que tantos obstáculos são colocados no caminho de tais uniões.

Socializados no contexto dos Estados Unidos para acreditar que homens devem ser dominadores e mulheres, subservientes, a grande maioria dos afro-estadunidenses tem valorizado uma visão patriarcal da vida familiar. Embora a institucionalização sistemática da supremacia branca e do racismo cotidiano tenha tornado impossível, para a grande maioria dos afro-estadunidenses, estabelecer uma vida familiar baseada no pressuposto sexista de que os homens deveriam ser provedores que trabalham para sustentar as necessidades materiais da família, e as mulheres deveriam assumir o papel de educadoras que cuidam das necessidades emocionais e das preocupações do lar, as pessoas negras têm trabalhado arduamente para se adequar a esse modelo. Mesmo quando nossa experiência de vida indicou que o modelo de relação comunal com igualdade de gênero era tanto mais construtivo quanto mais realista em um mundo onde qualquer pessoa negra tinha e tem dificuldade de encontrar emprego, muitos de nós continuamos a aceitar noções patriarcais de papéis sexuais como padrão para julgar e avaliar a vida negra. Consigo me lembrar de minha mãe expressando o desejo de buscar emprego para que meu pai, que trabalhava duro como zelador, não tivesse de arcar com todos os encargos econômicos de nossa casa, mas ele era inflexível ao dizer que a esposa dele não precisava trabalhar, mesmo que isso significasse insuficiência material. Para ele, sustentar a esposa e a família afirmava sua masculinidade. E essa afirmação tinha prioridade sobre as necessidades materiais.

Obviamente, a ideia patriarcal de que os homens devem exercer autoridade sobre as mulheres não promoveu a equidade de gênero nem o amor entre mulheres negras e homens negros. Com demasiada frequência, na vida negra, em relacionamentos heterossexuais baseados em normas sexistas, os homens se sentiam satisfeitos e as mulheres, insatisfeitas. A dominação masculina não leva a lares felizes, a despeito de toda a propaganda que sugere o contrário. Mesmo nos lares patriarcais mais benevolentes, as mulheres muitas vezes sentem que não são amadas. Quando eu era criança, muitas vezes ouvi mulheres negras adultas depreciarem homens negros porque eles não abraçavam o papel de provedores patriarcais. E, enquanto alguns homens eram impedidos de assumir esse papel por falta de emprego, havia também aqueles que tinham empregos remunerados e não ofereciam seu dinheiro para sustentar esposa e filhos. Toda mulher negra que eu conheci sonhava, ao crescer, com um parceiro negro que lhe desse apoio financeiro e lhe permitisse ser dona de casa. É evidente que a realidade das políticas de classe e raça tornava quase impossível a realização dessas fantasias — se não havia empregos para a grande maioria dos homens negros, como eles poderiam assumir o papel de provedores? O fracasso deles em realizar essas fantasias gerou raiva em muitas mulheres negras. Essa raiva se intensificou conforme as oportunidades de emprego aumentavam e mais homens negros encontravam trabalho, mas continuavam sem disposição para assumir o papel de provedores.

Nenhuma pesquisa foi feita sobre homens negros que trabalham, vivem em lares com esposa e filhos, mas se recusam a oferecer sua renda como provedores. Diariamente, somos bombardeados com mensagens na grande mídia que nos dizem que as mulheres negras são matriarcas fortes que gostam de ser chefes de família, quando a realidade é que pouquíssimas tiveram escolha. Assim como as mulheres negras muitas vezes sentem raiva porque os homens negros não disponibilizam recursos materiais, eles se sentem furiosos porque se espera deles que sustentem a família. As realidades econômicas da vida heterossexual negra raramente recebem a devida atenção em nossa sociedade, mesmo que as brigas por causa de dinheiro sejam uma das principais razões do divórcio de casais, independentemente de raça. Com a atual crise de emprego na vida negra, essas brigas se intensificam. Uma em cada três pessoas negras e metade de todas as crianças negras vivem na pobreza. Pessoas negras que têm a mesma formação educacional que as brancas podem esperar ganhar de 82% a 86% da renda dos brancos. No entanto, ninguém fala sobre como a injustiça econômica cria um contexto para conflitos emocionais no âmbito doméstico.

Há anos esta nação reconhece que os homens negros — e, aliás, todos os grupos de homens que não têm condições de sustentar a família — muitas vezes se sentem emasculados. Isso é ainda mais comum se a mulher com quem vivem for capaz de encontrar trabalho quando eles não conseguem. É óbvio que o pensamento patriarcal apresenta essa notícia ao público como se não apenas fosse natural que homens quisessem sustentar economicamente as necessidades dos outros, mas que fosse igualmente natural que eles se sintam castrados e deprimidos se forem privados do acesso a empregos que lhes permitiriam ser provedores. Embora seja verdade que a socialização patriarcal ensine aos homens que seu valor está no trabalho e no sustento de outros, também é verdade que muitos deles há tempos resistem a essa socialização. Uma grande quantidade de homens, sobretudo brancos, tem emprego bastante bem remunerado, mas nega apoio financeiro à esposa e aos filhos. Esses homens não parecem se sentir de todo "castrados" por não assumir o papel de provedores.

Homens que proveem economicamente em uniões heterossexuais são muito mais propensos a usar isso como meio de exercer poder e controle sobre outros no lar. Na verdade, a noção de que os homens negros eram castrados estava enraizada na suposição de que, na maioria das vezes, as mulheres negras traziam para casa a maior parte da renda familiar. Até o movimento feminista questionar a noção de que o homem deveria ser o único provedor da família e mudar a maneira como todos nós pensamos a natureza do trabalho, alguns homens negros sentiam que não conseguiam assumir seu papel legítimo como provedores. Isso os levou a se sentirem deprimidos e serem hostis com as mulheres negras que proviam. O mito do matriarcado negro projetou falsamente a ideia de que as mulheres negras estavam castrando os homens negros por serem dominadoras. Criado e projetado na vida negra por uma cultura patriarcal supremacista branca que não queria assumir responsabilidade pela forma como a injustiça econômica racializada atacava a autoestima dos homens negros, o mito foi usado para incentivar homens negros a entrar para as Forças Armadas e lá recuperar a masculinidade ferida e/ou perdida. Foi definitivamente um movimento estratégico para patriarcas brancos fazerem mulheres negras de bode expiatório e culpá-las, incitando os homens negros a fazer o mesmo, porque tal pensamento rompeu os laços de solidariedade que haviam sido criados entre mulheres negras e homens negros que trabalhavam juntos na resistência contra o racismo.

Nenhuma obra documenta de fato até que ponto, depois da luta pelos direitos civis, a aceitação acrítica do pensamento patriarcal por homens negros causou estragos na vida familiar negra. Quando os papéis sexuais na vida negra não estavam em conformidade com os padrões sexistas, mulheres negras e homens negros muitas vezes estabeleciam novos paradigmas de amor e afeto. Desde a escravidão, os homens negros (e a maioria das mulheres negras) aceitaram teoricamente o mesmo sexismo que era a norma no patriarcado branco dominante, mas a privação material causada por exploração e opressão baseadas em raça e classe sinalizava que os papéis de gênero na vida negra não podiam obedecer às normas sexistas. As mulheres negras eram trabalhadoras. Os homens negros desempregados ou mal remunerados com frequência cozinhavam, limpavam e cuidavam dos filhos. O fato de as mulheres negras trabalharem fora de casa e se dedicarem tanto quanto os homens negros à luta antirracista não era tido como prejudicial ao bem-estar psicológico da família negra, e sim como importante para que essa família sobrevivesse. A igualdade de gênero entre mulheres negras e homens negros, ainda que fortuita e relativa, não resultou em falta de amor entre casais, porque todo mundo entendia que a solidariedade era necessária para garantir a sobrevivência.

O congressista e ativista dos direitos civis John Lewis conta a história do casamento de seus pais em seu livro de memórias sobre o movimento, *Walking with the Wind* [Caminhando com o vento]. Sua mãe, que se casou com um meeiro em 1932, não teve lua de mel com o marido porque não tinham tempo nem dinheiro. Lewis recorda:

> Depois que Eddie se casou com minha mãe, ambos se juntaram à família Lewis na casa de Lula, e minha mãe começou a trabalhar

com eles naqueles campos, às vezes lado a lado com o marido, outras "trabalhando fora" para um ou outro fazendeiro local, cortando ou colhendo algodão por cinquenta centavos ao dia.

Para uma mulher negra, na maioria das famílias negras, não era uma opção realista trabalhar ou não. Sua contribuição econômica era desesperadamente necessária. O amor florescia em situações em que mulheres negras e homens negros trabalhavam juntos para sustentar seus laços e alimentar a família.

Sem o pensamento feminista subjacente aos arranjos alternativos de gênero que os casais negros tinham de elaborar para garantir a sobrevivência material, tais arranjos, ainda que produtivos e frutíferos, eram frequentemente considerados "errados" tanto por mulheres quanto por homens. A maioria das mulheres negras trabalhadoras ansiava por um tempo em que pudessem confiar no homem como único provedor. Muitas mulheres brancas não entendiam isso, e, quando o movimento feminista contemporâneo começou, ele proclamou o trabalho como a chave para a libertação e rotulou as mulheres negras como libertas. Na realidade, a maioria das mulheres negras sabia que não era, de forma alguma, liberta, por exercer trabalho físico pesado e mal remunerado. O trabalho servil, que as sujeitava à degradação e ao assédio sexual por parte de empregadores brancos racistas, não aumentava a autoestima das mulheres negras. Sugestivamente, durante os estágios iniciais do movimento feminista, as pesquisas Gallup[15] mostraram

15. Referência a Gallup Organization, empresa estadunidense de pesquisas de opinião pública com sede na capital, Washington, fundada em 1935. [N.E.]

que os negros formavam o grupo de homens que mais apoiava a equidade de gênero na força de trabalho.

Ao dominarem o movimento antirracista e fazerem da liberdade sinônimo de subordinação das mulheres negras, os líderes negros aceitaram sem questionar a noção de que os homens negros teriam sido simbolicamente castrados — e nenhum homem contestou essa aceitação acrítica. As mulheres negras, individualmente ativas na luta antirracista e no que então era chamado de "libertação das mulheres", questionaram esses mitos e, com razão, recusaram-se a aceitar qualquer noção de que fossem opressoras dos homens negros. Ficou evidente que a aceitação generalizada da ideia de que as mulheres negras eram o "inimigo" criou mais caos na vida negra do que qualquer outra ideia. Esse caos está bem documentado na antologia *The Black Woman* [A mulher negra], de 1970. A obra inclui um ensaio de Abbey Lincoln, de 1966, intitulado "Who Will Revere the Black Woman?" [Quem reverenciará a mulher negra?]. Lincoln escreveu:

> Mas, por mais estranho que seja, já ouvi muitos homens negros adultos repetirem que a mulheridade negra é a ruína do homem negro, na medida em que ela (a mulher negra) é "má", "difícil de se relacionar", "dominadora", "desconfiada" e "conservadora". Em resumo, uma diaba negra, feia, maligna.

Como suas colegas negras progressistas, Lincoln chamou a atenção para a forma como esse pensamento justificava o uso, por homens negros sexistas, de coerção e abuso para subordinar e/ou dominar mulheres negras. Ela identificou o quanto a violência doméstica e o estupro estavam se tornando norma na vida negra.

Ao ecoar os sentimentos de Lincoln no ensaio "The Black Woman As a Woman" [A mulher negra como mulher], Kay Lindsey afirmou:

> Aqueles que estão exercendo sua "masculinidade" ao dizer às mulheres negras que voltem para um papel doméstico e submisso estão assumindo um posicionamento contrarrevolucionário. As mulheres negras também têm sido abusadas pelo sistema, e devemos começar a falar sobre a eliminação de todos os tipos de opressão.

Em seu perspicaz ensaio "On the Issue of Roles" [Sobre a questão dos papéis], Toni Cade Bambara foi ao cerne da questão e criticou tanto os homens negros quanto as mulheres negras por se enxergarem a partir de estereótipos sexistas negativos. Enfatizando a importância da luta pela libertação como "medida de mulheridade", ela insistiu no reconhecimento da necessidade de afirmar papéis de gênero progressistas, declarando:

> Invariavelmente, ouço de algum cara que as mulheres negras devem ser solidárias e pacientes para que os homens negros possam recuperar sua masculinidade. A noção de mulheridade, eles argumentam — e somente se pressionados a abordar tal noção é que pensam ou argumentam —, depende de ele definir sua masculinidade. [...] E eu me pergunto se os caras que ficam chorando por ter perdido seus colhões perceberam que provavelmente os entregaram ou ao homem branco poderoso do mercado, para conseguir aquele maço de Eldorado, ou à mulher branca, na cama, tentando conseguir no sexo alguma noção doentia de amor e liberdade. Parece-me que você encontra seu eu ao destruir ilu-

sões, esmagar mitos, livrar-se da lavagem cerebral branca e comprometer-se com a verdade e com a luta. Isso implica, no mínimo, romper com a superficialidade da definição de "masculino" e "feminino" desta sociedade doente.

Bambara e suas colegas negras progressistas trabalharam arduamente para chamar a atenção para as consequências do apoio radical do homem negro ao pensamento patriarcal, mas suas palavras não tiveram um impacto amplo.

Na realidade, uma grande quantidade de mulheres negras sexistas estava tão disposta quanto os homens negros a abraçar a noção de que elas deveriam ser mais subordinadas, ou pelo menos agir assim. Como as mulheres negras não se uniram para apoiar a necessidade de visões progressistas dos papéis de gênero na vida negra, o cenário ficou preparado para o conflito entre elas. Quando as mais jovens, como eu, abraçavam o pensamento feminista, éramos com frequência vistas como traidoras da raça e duramente julgadas tanto por homens negros quanto por mulheres negras. No auge do movimento feminista, o polêmico livro de Michele Wallace *Black Macho and the Myth of the Superwoman* — em conjunto com a peça de Ntozake Shange *For Colored Girls* [Para garotas de cor] e um crescente *corpus* de ficção de protesto de escritoras negras — chamou a atenção em âmbito nacional para os conflitos nas relações heterossexuais negras. Pela primeira vez na história da nação, programas de televisão apresentaram escritoras negras falando sobre a dinâmica entre mulheres negras e homens negros. Obviamente, nenhuma das discussões se concentrou na questão do amor. Eram todas focadas no poder: questões como mulheres negras serem ou não matriarcais e castradoras e impedirem o progresso do homem negro estavam em pauta. Ninguém falou sobre o impacto psicológico geral da ruptura na solidariedade negra criada pelo pensamento patriarcal.

Ao fazerem das mulheres negras o "inimigo", os homens negros estavam essencialmente afirmando que elas não eram dignas de seu amor e sua consideração. E por trás dessa insistência na indignidade das mulheres negras estava a suposição de que, enquanto os homens negros não conseguissem ser patriarcas, eles não conseguiriam amar a si mesmos. Apesar de todo esse diálogo acontecer em ambientes acadêmicos e ativistas, na vida cotidiana a grande maioria das mulheres negras e dos homens negros lutava com a questão da dominação masculina. Mulheres que queriam parceiros negros sentiam que precisavam estar em conformidade com as expectativas sexistas. Tragicamente, como muita atenção fora dada aos laços heterossexuais de afeto e amor antes desses conflitos, toda a atenção agora estava voltada para a satisfação dos homens negros. Não se discutia se os homens negros patriarcais que governavam o lar e a família eram ou não de fato amados e realizados emocionalmente.

Em nosso lar patriarcal, o amor por nosso pai sempre ficou em segundo plano; primeiro vinha o medo que tínhamos dele. Nossa mãe era voluntariamente subordinada a nosso pai e usava os ensinamentos cristãos para justificar a obediência da mulher ao homem, de modo que testemunhei em primeira mão a forma como a dominação masculina, como todas as formas de dominação, inviabiliza o amor. Embora seja possível cuidar profundamente de alguém e dominar tal pessoa, é impraticável amar verdadeiramente e dominar. Amor e dominação são antitéticos. No livro *Quando tudo não é o bastante*, o rabino Harold Kushner lembra que "o amor só pode surgir entre pessoas que se sentem iguais, entre pessoas que são capazes de se completar. Quando um ordena e o outro obedece, pode haver lealdade e gratidão, mas não amor". Ainda que lares patriarcais benevolentes (onde o homem comanda sem coerção violenta e/ou abusiva) possam ser — e muitas vezes sejam — lares onde abundam afeto e cuidado, o amor não pode ser sustentado de maneira plena em nenhum ambiente onde o crescimento espiritual e emocional de qualquer membro da família não seja totalmente incentivado. De forma perspicaz, Kushner ecoa o psicanalista Carl Jung e lembra que amor e poder não são compatíveis:

> Você pode amar alguém e dar a ele o espaço e o direito de ser ele mesmo, ou então você pode tentar controlar este alguém, impor-lhe sua vontade, para seu próprio bem ou para a afirmação de seu próprio ego. Mas é impossível fazer as duas coisas ao mesmo tempo.

Quando homens negros sexistas ficaram obcecados pela necessidade de exercer poder sobre mulheres negras, foi criada uma barreira, bloqueando nossa capacidade de amar um ao outro.

A mudança no pensamento masculino negro sobre a natureza do amor foi mais evidente na música popular negra do que em qualquer outro contexto. Nessas expressões culturais, o diálogo tem existido principalmente em letras de música. Em todos os estilos — blues, R&B ou outros —, os cantores entoaram o desejo de amar e ser amado. Vocalistas populares, como Sam Cooke e Otis Redding, deram voz aos anseios dos homens, à vulnerabilidade emocional. Canções com letras como "experimente um pouco de ternura" ("Try a Little

Tenderness") e "essa é minha oração dos amantes, espero que ela chegue até você" ("My Lover's Prayer"), e a eternamente popular Aretha Franklin cantando "tudo o que peço é respeito quando chego em casa" ("Respect") expressaram o conflito emocional de homens negros e mulheres negras que procuram aprender a amar. Mas as letras populares de hoje expressam cinismo em relação ao amor. A luxúria e as lutas por poder definem a natureza do romance heterossexual negro. Dr. Dre, R. Kelly e uma série de outros cantores projetam imagens odiosas de mulheres como objetos. Letras que dizem "você me lembra o meu Jeep" desumanizam as mulheres. No rap misógino, as mulheres são objetos degradados, "vadias e putas". Mesmo que pessoas negras mais velhas muitas vezes critiquem o ódio às mulheres que essas letras expressam, elas não relacionam essa misoginia à insistência geral, por parte de líderes negros e de muitos de seus seguidores, em que o patriarcado negro salvará a família negra. Felizmente, cantoras como Lauryn Hill e Meshell Ndegeocello são exemplos maravilhosos de artistas negras que exploram com graça, honestidade e respeito o amor e os relacionamentos.

De fato, com frequência há tanta discussão sobre "a família negra", referindo-se, geralmente, a uma unidade composta de adultos e crianças, que não se dá atenção ou valor suficiente à relação emocional entre parceiros heterossexuais negros. Isso tem a ver também com o legado da escravidão. Como as uniões conjugais entre homens e mulheres negros foram desvalorizadas e os casais, separados, esse padrão de desvalorização continua até o momento presente. Quando lemos sobre as poderosas líderes negras antirracistas, como Sojourner Truth, a mensagem transmitida é que sua maior tristeza durante o período de escravidão estava relacionada a ter sido separada dos filhos, não dos homens com os quais gerou sua prole. A declaração de Sojourner Truth de que "Quando chorei minha tristeza de mãe, só tinha Jesus para me ouvir" expressa de forma pungente esse lamento. No entanto, onde está a queixa pelas feridas e a decepção que marcaram e prejudicaram as uniões entre mulheres negras e homens negros?

Embora corajosas mulheres negras progressistas, como Abbey Lincoln, oferecessem esses lamentos como parte da luta de resistência antirracista e antissexista no fim dos anos 1960 e início dos anos 1970, uma vez que os movimentos de massa pela justiça social perderam a força, o mesmo aconteceu com o foco afirmativo e atento nas relações heterossexuais negras. As taxas de divórcio, muito mais elevadas para os casais negros do que para outros grupos desta sociedade, são um sério indício de crise. Tive a sorte de ser criada em uma pequena comunidade negra do Sul nos anos 1950, onde vi muitos casais negros comprometidos a vida inteira um com o outro, de modo que não acreditei nas descrições de relações entre mulheres negras e homens negros que me foram apresentadas pelo mundo acadêmico predominantemente branco como sempre problemáticas — um mundo de pais e amantes ausentes, de conflitos domésticos e de violência. Embora houvesse relacionamentos conturbados no contexto em que cresci, o mais comum era que casais negros, como meus avós e meus pais, que cultivaram compromissos para toda a vida, permanecessem juntos na alegria e na tristeza. Presenciei o amor mútuo entre homens e mulheres negros durante toda a minha infância, o que foi vital para me ajudar a manter a fé no amor heterossexual negro em um mundo onde as mensagens recebidas através da grande mídia dizem a todos que esse amor não pode ser duradouro.

Atualmente, videoclipes e filmes criados por artistas negros oferecem uma visão tão problemática das relações heterossexuais românticas quanto qualquer perspectiva criada pela cultura branca dominante. Repetidas vezes o corpo de mulheres negras é objetificado por um olhar pornográfico. Os homens negros são retratados como quem deseja uma mulher apenas pela sua aparência. A aparência física é importante, e ninguém pode negar que é um fator que molda o desejo, mas, quando é o único ou o mais importante fator determinante do desejo ou da escolha da parceira, surgem problemas.

Muitos homens negros estão em relações não satisfatórias com mulheres com as quais não compartilham interesses nem valores comuns porque inicialmente foram atraídos apenas pela aparência delas. Na grande mídia, as relações entre mulheres negras e homens negros raramente se baseiam na comunicação compartilhada. Certa vez, quando eu estava ministrando um curso sobre escritoras negras, perguntei aos mais de quarenta estudantes negros na sala de aula se elas e eles se lembravam do pai e da mãe conversando juntos. A grande maioria não conseguia se lembrar de uma comunicação aberta nem de uma discussão sobre problemas. Em nossa família, meu pai e minha mãe com frequência falavam um do outro, mas não conversavam entre si. Ainda que nosso pai estivesse no mesmo cômodo, nossa mãe pediria a um de nós: "Diga ao seu pai...". E ele, provavelmente, faria o mesmo.

Uma edição de 1992 da revista *Essence* (com uma fotografia de Malcolm X na capa) trazia uma reportagem sobre o casamento de Betty Shabazz e Malcolm X intitulada "On Loving and

Losing Him" [Sobre amá-lo e perdê-lo]. Uma das poucas mulheres negras casadas com um líder negro famoso que jamais proferiram publicamente nem mesmo a mais leve crítica sobre os maridos, falecidos ou vivos, Shabazz compartilhou nessa entrevista que subordinou os próprios desejos e preocupações aos de Malcolm, reconhecendo não apenas a falta de comunicação entre eles mas também que Malcolm era muitas vezes controlador. Ele já havia revelado uma tendência misógina em *A autobiografia de Malcolm X*, contada a Alex Haley. No início de sua carreira, ele expressou abertamente o pensamento sexista convencional sobre as mulheres, isto é, que mulheres são manipuladoras, traidoras e licenciosas. Shabazz compartilhou o que o marido lhe disse antes de se casarem: "Para ele seria muito difícil dizer a uma esposa onde estava, para onde ia, quando voltaria", que ele era levado pelo "medo de uma mulher ter o controle". E ela confessou: "Quando nos casamos, nunca lhe perguntei sobre seu paradeiro".

Shabazz involuntariamente revelou os traços indesejáveis de seu marido, mesmo quando descreveu o casamento em termos gloriosos, com muita eloquência: "Eu sabia que ele me amava por minha pele marrom-clara, ela era muito suave. Ele gostava de meus olhos claros. Gostava dos meus cabelos escuros brilhantes. Eu era muito magra na época, e ele gostava da minha beleza negra, da minha mente". Obviamente, nada nessa matéria ofereceria a um leitor que não conhecesse Malcolm X informações sobre sua postura política, sua filosofia ou seu ativismo. Ao mesmo tempo, não há informações sobre o que realmente estava na mente de Betty Shabazz. Não sabemos, a partir dessa discussão, se sua visão política era semelhante à do marido, se eles falavam de política e assim por diante. Em vez disso, Shabazz esboça um casamento sexista muito convencional no qual o marido sai ao mundo e a esposa fica em casa e cuida dos filhos.

Somente depois de ficar viúva Shabazz assumiu a responsabilidade por seu crescimento intelectual e político. Assim como Coretta Scott King, no casamento ela aceitou ser a mulher por trás do homem, subordinada aos caprichos e desejos dele. Apesar da ampla cobertura da mídia sobre as infidelidades sexuais de Martin Luther King, sua viúva nunca falou sobre a natureza problemática de seu casamento. Casadas até que a morte os separasse, essas mulheres tornaram-se viúvas famosas, mantendo vivo o legado dos homens com quem se casaram e lucrando com isso. Nem Shabazz nem King se casaram de novo. Elas nunca falaram publicamente sobre o desejo de um novo relacionamento. Em conformidade com as noções sexistas da esposa obediente, suas experiências não serviram como catalisador para assumirem papéis de liderança, oferecendo percepções políticas sobre a natureza dos vínculos heterossexuais negros. A lealdade delas ao patriarcado impedia qualquer vontade de falar sobre a natureza problemática da dominação masculina. Como modelos femininos negros, elas representavam o status quo, embora seja evidente, para qualquer pesquisador que examine criticamente a vida de cada uma, que esses casamentos não eram uniões baseadas em comunicação e compreensão mútuas; eram baseados na dominação masculina e na subserviência feminina, como a maioria dos casamentos entre pessoas públicas negras. Conseguimos imaginar um homem negro carismático nunca mais se casando se sua parceira morresse? Mas espera-se que as mulheres negras casadas com um homem negro permaneçam atadas a ele, permaneçam leais à memória do marido caso ele morra.

Muitos homens negros compartilham o medo de Malcolm X de ser controlado por uma mulher. Esse medo muitas vezes vem de experiências da infância em que as mães "sufocavam" os filhos, usando laços de afeto para amarrá-los e controlá-los. A mãe que dá tudo de si e satisfaz todas as necessidades do filho tende também a tentar moldar e controlar suas ações. Quando criança, o homem pode temer que qualquer tentativa de afirmar sua autonomia o afaste do afeto da mãe, por isso se conforma com todos os desejos dela, mesmo que sinta raiva de sua possessividade. Para agradá-la, com frequência jovens negros criam um falso eu sedutor que usam para manipular essa mãe dominadora e controladora e se esquivar dela. A idealização das mães negras como o epítome da feminilidade sempre tornou difícil para os homens negros criticar a mãe (mesmo quando elas são dominadoras e abusivas) ou resistir a assumir simbolicamente o papel de parceiro substituto. Muitas mães negras procuram no filho o compromisso efetivo que com frequência não existe entre elas e seus pares masculinos negros adultos. Elas costumam ter medo de perder o filho e, sobretudo, de perder o poder e a influência sobre ele. Para proteger e manter seu vínculo primário, é possível que ensinem o menino, desde a infância, a considerar de forma negativa todas as outras mulheres, a vê-las como predadoras destruidoras. Isso é incesto emocional, e todo incesto é abusivo.

Não é de admirar, então, que o paradigma mãe/filho seja frequentemente o único exemplo de união entre homem e mulher que os homens negros têm. Homens negros infantilizados por mães dominadoras que fazem de tudo para atender a todas as necessidades do filho muitas vezes esperam que todas as outras mulheres façam o mesmo. Quando uma parceira negra recusa esse papel, é provável que eles reajam ou a enxerguem como dura e exigente. Esses filhinhos da mamãe talvez cresçam desejando uma mulher que seja como a "mamãe", mas também é possível que descarreguem nas relações românticas adultas a raiva e a hostilidade que sentiram por serem controlados no início da vida pela mulher/mãe poderosa. Quando o namoro inter-racial se tornou mais aceito, os homens negros falavam com frequência sobre o fato de se sentirem sexualmente livres com as mulheres brancas, porque não as consideravam parecidas com a mãe deles. A maioria dos homens negros que encontro continua relutante em examinar psicanaliticamente tanto a relação com a mãe quanto a forma como tal relação se tornou modelo para todas as outras. Assim como na relação com a mãe pode ter havido uma dimensão sadomasoquista de rejeitar para depois acolher, isso se torna a característica principal de suas uniões românticas heterossexuais adultas. Como o desejo de poder está sempre no cerne desse tipo de vínculo, as condições para o amor mútuo raramente surgem.

Em tantas famílias negras, assim como nas de outros grupos raciais em nossa cultura, estejam os pais presentes ou ausentes, os relacionamentos são vistos como espaços de luta por poder, nos quais uma pessoa está sempre no topo. A mãe solo heterossexual talvez sinta que deve sempre estabelecer controle sobre o lar e as crianças, deixando evidente para o namorado que ele não pode comandar a casa. Embora suas ações possam representar resistência à dominação masculina, elas são uma afirmação das lições patriarcais que ensinam a todos que o lar deve ter um "governante" — e, em geral, que a pessoa que paga as contas manda no poleiro. Para mudar esse pensamento coletivamente, pessoas negras devem começar a pensar no lar e nas relações heterossexuais como locais onde as necessidades de todos podem ser atendidas, onde pode haver compreensão e satisfação mútua. Essa percepção de amor mútuo não é a que vemos nos meios de comunicação de massa, tampouco o que dizem os casais negros quem têm a vida exposta publicamente.

Os meios de comunicação têm chamado pouca atenção para casamentos entre homens negros e mulheres negras nos quais a ênfase é no amor mútuo e na parceria. Há anos somos gratos por ter o exemplo de Ruby Dee e Ossie Davis. Primeiro, a atriz Jada Pinkett falou eloquentemente sobre a mutualidade primordial em seu casamento com Will Smith, e ele seguiu o exemplo. No entanto, muito do que ele expressou sobre a natureza de sua união desde então seguiu o modelo patriarcal convencional. Em eventos públicos, ele conta piadas sobre o fato de ela o manter na linha, construindo, por mais bem-humorada que seja, uma imagem dela como esposa convencional "ranzinza" que o controla. Homens negros heterossexuais que são pessoas públicas e falam positivamente sobre união conjugal com mulheres negras tendem a escalar a esposa sempre no papel de apoio pessoal (ou seja, a mulher por trás do homem, que é quem de fato está na direção) ou de polícia materna (ou seja, ela me mantém na linha). Michael Jordan e Denzel Washington são dois grandes exemplos. Mais uma vez, não se fala sobre a natureza do amor. Isso é igualmente verdade para os intelectuais negros que, embora não sejam tão destacados na grande mídia quanto as estrelas de cinema e os políticos, são vistos como líderes que moldam as ações de um público negro preocupado com o laço heterossexual negro. A carta de amor do crítico cultural Michael Dyson a sua esposa em um livro recente homenageia sua presença de maneira progressista.

Com demasiada frequência, homens negros não falam sobre as uniões heterossexuais entre mulheres negras e homens negros até que a cultura branca dominante destaque uma crise. Quando Anita Hill testemunhou no Senado contra Clarence Thomas, em audiências sobre a nomeação dele para a Suprema Corte, homens negros surgiram do nada, em massa, para apoiar Thomas e denunciar Hill como traidora da raça. Poucos homens negros se posicionaram publicamente contra o assédio sexual.[16] Da mesma forma, quando o boxeador Mike Tyson foi acusado e condenado por estupro, uma grande quantidade de homens negros o apoiou, tachando a jovem mulher que ele violentou como traidora, prostituta manipuladora e assim por diante. A mesma crítica pode ser feita ao falecido Tupac Shakur, que sempre expressou amor por mulheres negras, mas não se manifestou quando amigos seus violentaram uma jovem mulher. Todos os eventos dos últimos anos que ressaltam o contato heterossexual entre homens negros e mulheres negras revelam a disseminação do sexismo nas comunidades negras, na mentalidade de homens negros. Nunca é demais dizer que a dominação torna o amor impossível. Os homens negros que abraçam

---

16. Nos Estados Unidos, quando um juiz é indicado para a Suprema Corte, deve passar por uma sabatina no Senado em que os cidadãos podem se inscrever e testemunhar contra ou a favor de sua confirmação no cargo. Clarence Thomas foi nomeado pelo presidente George H. W. Bush em 1991. Na ocasião, Anita Hill, uma ex-funcionária do juiz, acusou Thomas de assédio sexual. Seu testemunho, porém, não o impediu de ser empossado e tornar-se o segundo homem negro a ocupar um assento na mais alta corte de justiça dos Estados Unidos. [N.E.]

o sexismo acreditam que é a capacidade de dominação que os torna homens; eles escolhem o poder em vez do amor.

Esse sexismo continua a levar os homens negros a classificar as mulheres negras como madonas ou prostitutas. A madona negra é constantemente retratada como alguém que está por trás de seu homem, obedecendo silenciosamente à sua vontade, ou fingindo fazê-lo publicamente, e satisfazendo suas necessidades em particular. A prostituta é sempre retratada como a mulher que fala bastante, muito alto, que retruca, uma mulher que tem necessidades próprias e não tem medo de satisfazê-las. Qualquer mulher negra corre o risco de ser rotulada por homens negros sexistas como prostituta, seja ela sexualmente ativa ou não, se ela não estiver de acordo com a expectativa deles acerca da feminilidade desejável. Uma vez que a mulher tenha sido rotulada como prostituta e/ou vadia, torna-se possível para o homem negro sexista justificar seu comportamento abusivo em relação a ela. Na coletânea de ensaios de base autobiográfica *Straight, No Chaser: How I Became a Grown-up Black Woman* [Direta e reta: como me tornei uma mulher negra madura], Jill Nelson se lembra de uma noite em que estava sentada em um bar ao lado de um homem negro desconhecido, que estava bebendo e, como ela diz, "se vangloriando" por nunca namorar mulheres negras. Quando ela lhe pede para explicar melhor o que estava dizendo, ele compartilha sua percepção de que as mulheres negras são "muito duras, muito más, muito exigentes" e "sempre pegam no pé do homem, sempre têm algo a dizer sobre qualquer assunto". Nelson responde compartilhando a percepção: "Talvez a questão não seja que você não se interesse por mulheres negras. Talvez apenas não queira uma parceira em pé de igualdade com você". Com esse contraponto, a discussão terminou.

Em seus ensaios, Nelson repetidas vezes chama a atenção para como a dominação masculina e o auto-ódio individual tornam impossível, para a maioria dos homens negros e mulheres negras, conhecer o amor. Ao analisar a desvalorização da mulheridade negra e da masculinidade negra pelos meios de comunicação de massa, ela lembra:

> Pessoas afro-estadunidenses, os maiores consumidores de televisão, são os que menos precisam dela e os que são mais prejudicados por ela. [...] Apesar dos esforços de críticos e ativistas, as representações negativas e muitas vezes violentas de mulheres, homens e crianças negras continuam a dominar, com efeito devastador. Como pudemos pensar que conseguiríamos assistir à televisão e depois entrar no mundo real com uma imagem positiva das mulheres negras, que dirá tendo respeito por elas? Gente negra, desligue a televisão!

Sem imagens de pessoas negras amorosas na grande mídia, a audiência inteira, sobretudo as pessoas negras, tem a impressão de que o amor não é um tema negro, que todos os nossos relacionamentos são predatórios, que as lutas por poder prevalecem. Embora filmes como *Sprung — Loucas de Amor* (1997), *Uma Loucura Chamada Amor* (1997), *Irresistível Atração* (1998) e *Amigos Indiscretos* (1999) celebrem os laços entre jovens negros, homens e mulheres, o comportamento dos personagens sugere que são adolescentes, emocionalmente inseguros e incapazes de se relacionar como adultos maduros.

A ausência de imagens sofisticadas de relações heterossexuais negras deve-se ao efeito combinado do racismo e do sexismo tanto nos produtores quanto nos consumidores. Com medo de um produto não vender, profissionais da área cultural que têm uma visão mais progressista muitas vezes acabam desistindo ou concordando. Quando um cineasta célebre como Spike Lee finalmente ofereceu uma visão mais progressista da sexualidade feminina negra e da interação entre homem negro e mulher negra em *Garota 6* (1996), o filme foi massacrado por críticos e espectadores. O público precisa ser educado a abraçar imagens mais progressistas. Isso continua sendo um projeto difícil em um mundo onde os espectadores muitas vezes querem que os filmes tenham alguma conexão com suas experiências reais. Na vida real, a maioria das relações entre homens negros e mulheres negras não se baseia no respeito mútuo e na igualdade. Discórdia e conflito, segredos e traição constituem um padrão contínuo em muitos desses relacionamentos, portanto os espectadores não ficam chocados quando essas dinâmicas são retratadas na tela. Porém, até que imagens diferentes possam ser formadas na mente tanto de quem as produz quanto de quem tenta construir relacionamentos na vida real, os laços amorosos que buscamos não terão como despontar.

Enquanto as relações heterossexuais negras forem vistas principalmente como cenários de competição e luta, o amor não prevalecerá. Muitas pessoas negras, sobretudo homens, gostam de imaginar que, se todas as mulheres negras e todos os homens negros simplesmente se conformassem aos papéis sexistas que lhes foram atribuídos, tudo seria harmonioso — e as famílias negras triunfariam. Na realidade, lares negros patriarcais onde as mulheres são subservientes e o homem está no comando, como provedor e protetor, muitas vezes abrigam famílias sem amor. O amor não é capaz de prevalecer quando uma pessoa precisa suprimir sua subjetividade, seus desejos e sentimentos para agradar à outra. E, mesmo quando isso não acontece, os homens patriarcais muitas vezes ainda se sentem insatisfeitos, ainda sentem falta de emoções. Eles podem tentar suprir essa falta procurando relacionamentos fora de casa, criando uma atmosfera de sigilo e de desconfiança que, por fim, corrói a intimidade.

Qualquer pessoa que viva em uma comunidade negra tradicional já testemunhou o casamento patriarcal burguês no qual tudo parece estar em harmonia, porque todos os sentimentos genuínos são reprimidos. Muitas vezes é difícil, para quem não tem poder, imaginar que homens aparentemente poderosos possam ser prejudicados por viver em um estado de falta de emoções, mas a verdade é que os homens se tornam psicologicamente feridos quando abraçam as noções patriarcais de masculinidade que os tornam incapazes de expressar sentimentos. Tanto homens quanto mulheres ficam frequentemente deprimidos nesses ambientes. E podem expressar essa depressão suprimindo ou fingindo emoções. Ter casos extraconjugais é a principal atitude dos parceiros insatisfeitos. Em sua recente autobiografia, *In This Life Together* [Juntos nesta vida], Ossie Davis e Ruby Dee compartilham com os leitores os valores que os ajudaram a sustentar um casamento longo e amoroso. Falando abertamente sobre relações extraconjugais, eles declaram: "Ocorreu-nos, pela observação e pelo raciocínio, que o sexo extraconjugal não era o que realmente destruía casamentos, mas sim as mentiras e enganações que invariavelmente o acompanhavam".

Com demasiada frequência em relações heterossexuais negras, a desonestidade não é vista como contraproducente. Apesar da longevidade da maioria dos casamentos entre mulheres e homens negros que testemunhei enquanto eu crescia, esses homens traíam a esposa com regularidade. Pressupostos patriarcais convencionais sobre a natureza da sexualidade masculina justificavam o vaguear sexual do homem. Uma frase popular na televisão, "*Have gun will travel*", foi traduzida para o vernáculo negro como "*Have dick will travel*".[17] Dentro das relações e casamentos sexistas tradicionais, não se esperava que homens fossem fiéis. Homens de verdade provavam sua masculinidade ao não permanecer fiéis. Um homem fiel era com frequência visto como submisso à mulher. Quando estive em um relacionamento longo com um homem negro que respeitava meus direitos e com quem eu tinha uma comunicação aberta e honesta, seus amigos o ridicularizavam por ser "submisso". Para eles, um homem de verdade não compartilharia seus sentimentos e pensamentos nem explicaria suas ações a uma mulher. Após mais de dez anos, o pensamento sexista prevaleceu em nossa relação, e nós nos separamos. Embora politicamente progressista quanto a questões de raça e classe, quando se tratava da questão de gênero, esse parceiro, assim com a maioria dos homens negros com os quais namorei, queria uma mulher cuja principal razão de viver fosse satisfazer suas necessidades, sobretudo as sexuais.

Quando escolhi deixar esse longo relacionamento agridoce, a maioria das pessoas negras da minha vida sentiu que eu

---

17. De maneira geral, a expressão "*have gun will travel*" pode ser traduzida como "estou pronto para qualquer coisa" ou simplesmente "estou pronto", para indicar prontidão e disposição, recorrendo à imagem da arma (*gun*). Na tradução para o vernáculo negro, o sentido se desloca para atribuir esse poder ao pênis (*dick*), como indica a expressão "*have dick will travel*", também indicando a construção de uma masculinidade patriarcal. [N.T.]

estava cometendo um erro. Para elas, aquela relação era uma das melhores que já tinham visto entre uma mulher negra e um homem negro, ambos progressistas. Resolvíamos nossos conflitos e problemas de modo prudente, com aconselhamento e discussão aberta. Muitas dessas pessoas sentiram que eu estava decepcionada principalmente porque criei expectativas grandes demais, esperando que um homem negro apoiasse a igualdade de gênero tanto na esfera pública quanto na esfera privada, esperando uma comunicação aberta e honesta (coisas que deveriam ser básicas em uma relação amorosa eram vistas como exigências irracionais para um homem negro). Deixei esse relacionamento e fui dar aulas em Yale. Passei a conviver com o pessoal que trabalhava nos estudos afro-estadunidenses, e, certa vez, conversando com uma amiga negra, ela me perguntou o que eu esperava de um parceiro. Disse a ela que o que mais queria era alguém comprometido com uma comunicação aberta e honesta, para elaborar as coisas e conversar sobre elas, principalmente se houvesse conflito. Ainda me lembro de suas risadas sinceras enquanto respondia: "Se é isso que você quer, então não está falando de um homem negro como parceiro".

Naquela época, eu tinha 35 anos e vivia longe da comunidade negra segregada onde cresci. Tão assustada com as opiniões cínicas sobre masculinidade negra que ouvia por toda parte quanto na época em que entrei em uma faculdade predominantemente branca na Costa Oeste, com dezoito anos, mantive na mente e na memória as imagens de diversas masculinidades negras que conheci antes de deixar minha comunidade de origem. Naquele mundo, convivi com homens negros amorosos, testemunhei o relacionamento deles com a esposa, a família e a comunidade. Perseverei em minha crença de que homens negros amorosos existem em diversas comunidades negras.

Honrando a presença deles em minha vida, mantive, e ainda mantenho, a crença de que os homens negros são tão capazes de dar amor como qualquer outra pessoa. Apesar dos problemas no meu primeiro relacionamento longo e sério, sempre nos comunicamos bem. Ainda que eu tenha morado com apenas dois homens em minha vida, ambos negros, ambos também estavam dispostos a se engajar em diálogo crítico e troca construtiva. Os laços de afeto continuam a nos unir, mesmo depois do término da relação, porque elaboramos tudo o que aconteceu enquanto estávamos juntos. Quando os problemas estavam além de nossa compreensão, procuramos ajuda profissional.

Obviamente, vivemos em uma sociedade que permanece supremacista, capitalista e patriarcal. Enquanto esses sistemas dominarem a vida das pessoas negras, todos nós, sobretudo os casais negros antissexistas, precisaremos cultivar com cautela um terreno alternativo onde o amor possa crescer e florescer. Muito do que encontramos na cultura dominante militará contra esse amor. Cada vez mais pessoas negras estão internalizando uma visão negativa da heterossexualidade negra. A menos que desafiemos contínua e coletivamente a construção de nossos laços como sempre e somente predatórios e implacáveis, todos os sinais de amor entre mulheres negras e homens negros serão apagados.

As representações de casais negros amorosos, reais ou fictícios, não são interessantes para um público estadunidense faminto de imagens disfuncionais da vida negra — uma fome alimentada pelo pensamento supremacista branco. Conforme mais e mais consumidores negros internalizam o pensamento supremacista branco em conluio com a cultura dominante, essas imagens são, cada vez mais, aceitas por todos como declarações definitivas sobre quem somos e como amamos. A maioria dos consumidores não compreende que qualquer profissional ou produtor negro da área cultural que não seja proprietário dos meios de produção deve sempre encontrar apoio para um projeto apresentando-o a produtores brancos, em sua maioria desinformados sobre como os preconceitos racistas moldam suas percepções da vida negra. Há sempre um pequeno *corpus* de trabalho artístico que apresenta laços negros amorosos, mas que talvez nunca encontre o caminho até o público, porque aqueles que comercializam os produtos talvez o vejam como irrelevante.

Consumidores negros se tornaram complacentes. Um filme ou um livro cujos personagens são negros é frequentemente aclamado e celebrado, não importa sua qualidade. Trabalhos ruins como o das irmãs McMillan[18] ou o do escritor Omar Tyree são muitas vezes vistos erroneamente como obra literária séria. Onde estão nossos livros epistolares de amor, nossas narrativas biográficas e fictícias de relações amorosas complexas entre mulheres e homens negros? E onde está o nosso apoio contínuo a essa obra quando ela aparece? Se essa obra já existe nas sombras, então é nossa responsabilidade, como negros progressistas, trazê-la à luz. Não é uma tarefa simples. Quando decidi escrever as memórias sobre minha longa relação com um escritor e intelectual negro, fui criticada por pen-

---

18. Terry e Rosalyn McMillan, escritoras estadunidenses que publicaram *best-sellers* sobretudo na década de 1990. Alguns livros de Terry foram inclusive adaptados para o cinema — é o caso, por exemplo, do longa *Falando de Amor* (1995), estrelado por Whitney Houston. [N.E.]

sadores negros conservadores, homens e mulheres, que levantaram questões sobre a importância da privacidade e, mesmo sem ler o livro, tentaram sugerir que se tratava de "um ataque ao irmão". Ironicamente, se esses indivíduos estivessem no poder, no controle da grande mídia, meu livro poderia nunca ter sido publicado.

Para garantir o futuro das relações heterossexuais negras, precisamos acabar com os segredos e as mentiras. Precisamos falar abertamente sobre como homens negros e mulheres negras se relacionam, sobre como as diferenças de classe determinam nossos comportamentos em relação ao amor, sobre o vício da dominação masculina, que é forte entre homens negros de todas as classes. Precisamos criar um espaço cultural para falar sobre nossas relações amorosas que são gratificantes e satisfatórias. Em alguns casos, devemos sacrificar a privacidade como parte da luta de resistência antirracista e antissexista, na qual a vigilância crítica requer o compartilhamento de nossas histórias positivas e negativas. Só conseguiremos descolonizar a mente, desapegar de imagens de desamor que bombardeiam diariamente nossa psique, ao apagá-las e substituí-las por representações de cuidado e afeto, de mulheres negras e homens negros ligados por laços eternos de amor mútuo.

10.
acolher a homossexualidade: círculos intactos

No fim dos anos 1960 e início dos anos 1970, quando a libertação negra passou a ser sinônimo de homens negros se tornando patriarcas, ninguém falava sobre como esse apoio acrítico à dominação masculina alterava a natureza do amor nas comunidades negras. Ao mesmo tempo que teve um impacto arrasador nas uniões heterossexuais negras, também gerou consequências trágicas para os homossexuais negros. E embora a tolerância em relação às diferenças, incluindo a sexual, tenha sido norma na vida dos negros que foram sujeitados a ataques genocidas gerados pelo estado de coisas anterior à militância *black power*, esse apoio mudou. Quando homens negros patriarcais assumiram a luta pelos direitos civis, o resultado foi um clima de intolerância: com a necessidade de dominar e controlar mulheres negras por qualquer meio necessário, veio a necessidade de atacar, destruir e, se fosse preciso, matar homossexuais, sobretudo as "bichas" negras. Era nesses termos que Eldridge Cleaver e seu bando derrubavam qualquer homem negro que não estivesse disposto a assumir uma postura de macho. Líderes negros patriarcais expressavam abertamente a homofobia e incentivavam outras pessoas negras a se juntar a eles.

A homofobia sempre foi uma realidade entre a população negra. Várias pessoas negras aprenderam com líderes religiosos a ter ódio e medo de homossexuais. Antes dos anos 1960, os negros estavam muito mais dispostos a interpretar as Escrituras de maneira a afirmar o amor um pelo outro. Na pequena cidade no Kentucky onde cresci, nossa família teve a sorte de morar do outro lado da rua da família Smith, um casal de idosos e seu filho adulto, sr. Richard, professor. Naquela época, todo mundo usava a palavra "engraçado" (*funny*) para descrever um homossexual. Aprendemos na escola que o sr. Richard era "engraçado". Em casa, ensinaram-nos a respeitá-lo e a admirar o jeito como ele cuidava de sua mãe e de seu pai. Quando contei para a sra. Rosa Bell, minha mãe, que eu estava escrevendo este capítulo, conversamos sobre por que existia, à época, esse espírito de tolerância. Ela explicou que, em cidades pequenas onde negros "conheciam alguém de toda a vida", aceitava-se a sexualidade das pessoas porque elas "nasceram daquele jeito; não conseguiriam mudar quem eram, nem você poderia mudá-las, portanto não havia sentido tentar". Naquele tempo, fundamentalistas cristãos negros enfatizavam a importância dos ensinos religiosos que nos estimulavam a amar todo mundo.

Enquanto crescíamos, amávamos os homens e as mulheres homossexuais da nossa comunidade. Muitos deles tinham uma carreira profissional. Pelos padrões de hoje, estariam "no armário", porque, embora todos soubessem que eram gays, eles não falavam abertamente sobre isso. Também era evidente que a homossexualidade masculina era muito mais aceita que a lesbianidade. Homens gays negros, na cidade onde cresci, adotavam crianças, geralmente escolhidas em uma família sem recursos para cuidar de toda a prole. Essas crianças sempre tiveram laços de afeto e interação com a família biológica, mesmo que ficassem com seus pais adotivos. Elas não "viraram" gays nem houve quem expressasse preocupação com a possibilidade de serem corrompidas por estar na companhia de homossexuais (um pensamento homofóbico que agora se tornou mais comum na vida negra).

Histórias de gays negros em comunidades segregadas antes da integração racial ainda precisam ser escritas. Infelizmente, muitas das vozes que poderiam ter nos oferecido relatos sobre a vida naquela época já faleceram. Como acontece com todos os aspectos da existência negra, a experiência urbana com frequência recebe mais atenção e tende a ser vista como norma, de modo que muitas vezes as experiências peculiares de pessoas negras em cidades pequenas dos Estados Unidos não são examinadas criticamente. Em entrevistas e conversas com pessoas negras que viveram em comunidades racialmente segregadas antes dos anos 1950, ouvi muitos testemunhos sobre a integração positiva das pessoas negras homossexuais em suas comunidades de origem. Ao falar sobre sua infância em uma entrevista para a revista *Sojourners*, o reverendo Carl Bean, artista e evangelista assumidamente gay, relembra:

> Nasci nos anos 1940; na época em que fui criado e no lugar onde cresci, a comunidade negra era muito separada do resto da sociedade. [...] Havia um sentimento de família que era natural, e era ensinado que você fazia parte dela. [...] E, agora, ao olhar para trás e pensar sobre esse tipo de respeito, tenho certeza de que tudo isso criou a base para o que minha vida é hoje.

Quando lhe perguntaram se a homossexualidade era aceita naquela época, Bean relatou:

Era parte da comunidade. Obviamente, naquele tempo eu não sabia o que era "gay" ou qualquer coisa do tipo, mas sabia que você poderia ser desse jeito lá. Então criei a percepção de que isso era uma parte de nós, não era separado. Isso em relação aos homens. Havia mulheres que eram realmente masculinas, e todo mundo sabia quem elas eram, o nome e quem eram a mãe e o pai delas. Então essa estrutura estava presente para mim.

Raramente há debates sobre o espírito de tolerância que permitiu a muitos gays permanecerem e se desenvolverem em diversas comunidades negras segregadas, mesmo depois que a interação racial levou à formação de subculturas gays. Conversei com homens homossexuais negros do Sul com mais de trinta anos que optaram por permanecer em comunidades conservadoras totalmente negras em vez de mudar para subculturas gays integradas, e eles disseram que sentiriam falta da experiência de fazer parte de uma comunidade negra maior, de serem amados naquele mundo, apesar da realidade da homofobia.

Sem idealizar o passado, para as pessoas negras é importante lembrar que o amor foi a base da aceitação que muitos indivíduos gays sentiam nas comunidades segregadas em que foram criados. Ainda que nem todo mundo os amasse ou mesmo aceitasse seu estilo de vida, havia muita afirmação positiva para apoiá-los. Como a segregação racial legalizada significava que as comunidades negras não podiam expulsar homossexuais, elas eram obrigadas a aceitar a realidade dessa presença. Heterossexuais que, por meio da religião, aprenderam a amar todo mundo como a si mesmos foram obrigados a criar uma prática de aceitação redentora tanto para heterossexuais quanto para homossexuais, porque isso lhes oferecia uma oportunidade para, como diziam naquela época, "viver a fé". Não é por acaso que, em sua maioria, os "assumidos" entre essas pessoas gays eram frequentemente cantores e músicos cuja estreia aconteceu na igreja. Assim como a igreja pode fornecer, e muitas vezes fornece, uma plataforma incentivadora da difamação e da marginalização de homossexuais, uma casa de Deus libertadora pode, por outro lado, ser o lugar onde todas as pessoas são bem-vindas, todas são consideradas dignas. Em algumas pequenas comunidades negras segregadas, a igreja era um porto seguro, proporcionava abrigo e santuário para qualquer pessoa vista como diferente ou desviante, e isso incluía fiéis gays.

Com frequência, homossexuais apresentavam seu talento na igreja e o ofereciam a serviço do divino. Isso levou algumas pessoas a acreditarem que gays são inerentemente mais sintonizados com a estética do que os outros. Na realidade, pessoas homossexuais, em especial homens negros crescidos em comunidades negras tradicionais e que não se misturaram com as masculinidades dominantes, cultivaram habilidades artísticas porque a arte também se tornou um porto seguro. Por isso muitos diretores de corais e músicos são gays. A biografia do músico e compositor Billy Strayhorn, *Lush Life* [Vida exuberante], escrita por David Hajdu, registra que, quando jovem, Billy se manteve distante de todo mundo, buscando apaixonadamente sua música. Quando entrou, relutante, para o contexto social aceito, seus talentos especiais lhe renderam reconhecimento e um grau significativo de aceitação. Todos os que o conheceram e o viram crescer lembram que ele nunca demonstrou interesse por mulheres.

Sem ambiguidade, sem vergonha nem arrependimento, Strayhorn foi capaz de abraçar sua homossexualidade. Quando foi para Nova York e se apaixonou por um homem negro, ele conduziu seu relacionamento com o que Hajdu descreve como "certeza inocente". Mantendo o amor-próprio que sempre levara Strayhorn a escolher situações que favorecessem seu crescimento, a decisão de trabalhar com Duke Ellington foi pautada pela importância que isso teria para a sua carreira mas também baseada no entendimento de que, no *métier* de Duke, ele seria aceito. Ellington era conhecido por defender a igualdade. A biografia de Hadju compartilha o testemunho de outro músico negro gay sobre a aceitação não homofóbica de Ellington:

> Naquele tempo, para aqueles de nós que eram negros e homossexuais, a aceitação era de suma importância, de uma importância primordial e absoluta. Duke Ellington concedeu a Billy Strayhorn essa aceitação. Era algo que não poderia ser pouco valorizado nem pouco apreciado.

A capacidade de Ellington de aceitar a homossexualidade estava ligada à maneira como ele foi criado — apreciar o povo negro, ser tolerante com pessoas diferentes, ser contra a dominação e a opressão em todas as suas formas.

Nada prejudicou mais esse espírito de bondade e tolerância na vida negra do que a aceitação absoluta do pensamento patriarcal. Militantes negros dos anos 1960 não apenas atacaram homossexuais de forma hipócrita como também fizeram da homofobia um critério para a autêntica negritude. Isso ficou evidente no ataque manifesto de Eldridge Cleaver a James Baldwin, a quem ele queria tirar da posição de autoridade e porta--voz da experiência negra. Em um ensaio sobre o trabalho de Baldwin, Cleaver o chamou de traidor, um fantoche da estrutura do poder branco engajado em "uma desprezível guerrilha clandestina contra a masculinidade negra". Ao escrever sobre o ataque de Cleaver a Baldwin, em *Thirteen Ways of Looking at a Black Man* [Treze maneiras de olhar para um homem negro], Henry Louis Gates explica:

> O que foi diferente dessa vez foi um nacionalismo negro recém--sexualizado que pôde estigmatizar a homossexualidade como capitulação às normas dos brancos, que eram estranhas a eles, e, de forma análoga, aprovar a homofobia — um meio poderoso de policiar a arena sexual — como um ato político progressista.

Não é nenhuma surpresa que, nesse momento histórico, mais negros do que nunca, sobretudo jovens, estivessem dando as costas à Igreja cristã.

Os mesmos "machões" negros que atacaram Baldwin, chamando-o de Martin Luther Queen, atacaram a mensagem de amor, tolerância e perdão de King. Apesar das críticas úteis ao racismo e à supremacia branca, essas lideranças *black power* abriram caminho para uma onda de resistência militante que validou a violência, incentivou as pessoas negras a julgar, a se voltarem umas contra as outras e a se verem como inimigas. Não é de admirar então que, conforme o movimento feminista lançava suas críticas perspicazes ao patriarcado, as escritoras e pensadoras negras lésbicas tenham sido o pioneiro grupo de mulheres negras a acrescentar sua voz à luta. As poetas Pat Parker e Audre Lorde estavam entre as primeiras negras a ter coragem de criticar o patriarcado e a homofobia na vida negra.

Em sua coletânea de ensaios *Irmã outsider*, Lorde lembrou que a homofobia foi usada por homens negros sexistas como arma contra ativistas negras, gays e heterossexuais: "As lésbicas são, hoje, usadas como isca de uma falsa ameaça na comunidade negra, numa manobra cuja intenção é nos distrair da verdadeira face do racismo/machismo. Mulheres negras que compartilham laços estreitos entre si não são as inimigas dos homens negros". Lorde complementou:

A lésbica negra tem sofrido crescentes ataques tanto de homens negros quanto de mulheres negras heterossexuais. Da mesma forma que a existência da mulher negra que se autodefine não é uma ameaça para o homem negro que se autodefine, a lésbica negra é uma ameaça emocional apenas para as mulheres negras cujos sentimentos de afinidade e amor com relação a outras mulheres negras são, de alguma maneira, problemáticos. Por muitos anos, fomos incentivadas a olhar umas para as outras com desconfiança, como se fôssemos eternas rivais ou a face óbvia de nossa autorrejeição.

Os ensaios de Lorde estimulavam os negros a nos lembrarmos de nossa história e a permitir que nossa luta histórica contra a dominação nos levasse a resistir a todas as formas de opressão. Acertadamente, ela incitou as pessoas negras a desafiar a homofobia.

Amar a negritude significa amar a todos nós, e isso inclui pessoas negras gays. Nos últimos anos, jovens militantes heterossexuais negros que ainda cometem o erro de se apegar à homofobia do movimento *black power* têm me perguntado se devemos ou não "aceitar gays". Eu os lembro de que pessoas negras gays estão aqui para ficar e não estão buscando validação de heterossexuais para sua existência, sua dignidade, sua autenticidade. Homossexuais negros descolonizados alcançam o amor-próprio. Embora magoe quando os negros heterossexuais não são aliados na luta ou são homofóbicos manifestos, o peso da mudança foi deslocado; os heterossexuais negros devem ser responsabilizados pela homofobia e se empenhar para alcançar a mudança. Em um mundo onde estilos de música populares como rap e house music reforçam a homofobia, essa tarefa não é fácil. E torna-se ainda mais difícil quando pessoas jovens negras proeminentes, como Sister Souljah, disseminam o pensamento homofóbico. Em seu livro de ensaios autobiográficos *No Disrespect* [Sem desrespeito], ela descreve os estilos de vida dos homossexuais como não naturais, repetindo estereótipos patriarcais sobre mulheres lésbicas: "Um dos sentimentos mais profundos que uma mulher pode experimentar é dar à luz, a criação da vida. Sexo entre duas mulheres não pode gerar vida. É impossível porque não era para ser assim". Ao escrever sobre a lesbianidade de uma amiga, Souljah é depreciativa: "Ainda sinto que Mona adotou a vida lésbica mais por sua fraqueza interior e sua vitimização como mulher negra do que por qualquer compulsão genética".

Existem muitas razões pelas quais indivíduos são gays. Algumas pessoas sentem que estão vivendo uma determinação biológica predestinada, e outras talvez sintam que estão fazendo uma escolha. O ódio homofóbico incentiva quem é heterossexual a acreditar que tem o direito de determinar a legitimidade da identidade sexual de qualquer pessoa. Esses ataques à integridade de qualquer aspecto da experiência negra devem acabar se quisermos despertar o incrível espírito de tolerância e bondade que é o nosso legado, transmitido a nós por ancestrais que, à custa de muito sofrimento, aprenderam o poder da compaixão.

Julgar um ao outro como traidores, baseando-se em orientações sexuais, tem sido a maneira mais fácil de desconsiderar e descartar o trabalho de pessoas negras que deram ou dão tudo de si para a luta pela libertação dos negros. Quando Angela Davis se opôs à Marcha de Um Milhão de Homens, seus detratores optaram por concentrar-se em sua sexualidade. Ela foi criticada por ser lésbica e tornou-se sinônimo de traidora da raça. Não importa qual seja sua orientação sexual, sempre que uma mulher negra empoderada questiona a liderança patriarcal masculina negra, sua sexualidade é atacada. Quando Angela Davis reconheceu abertamente ser lésbica na edição de fevereiro de 1998 da revista *Out*, os líderes negros conservadores nem sequer responderam. Mas, sem dúvida, da próxima vez que desejarem desvalorizar suas ideias, eles se referirão à matéria para provar que ela não é autenticamente negra.

Assim como Davis, eu me opus à marcha com o argumento político de que o evento era capitalista, imperialista e patriarcal. Ao discutir essa oposição em minha sala de aula no Harlem, fiquei chocada quando os estudantes se referiram a Angela Davis como traidora da raça, evocando sua sexualidade como a força que alimentava sua traição. Naquela época, Davis ainda não havia falado publicamente sobre suas preferências sexuais. Primeiro, desafiei os estudantes a recordarem todas as obras que Davis havia produzido e estava produzindo em prol da libertação negra. Falei sobre seu tempo na prisão, sobre as ameaças de morte que ainda recebe, e perguntei a meus alunos se alguém presente em nossa sala tinha feito tanto pela causa dos direitos civis. Então questionei a disposição dessas pessoas de desrespeitar seu ativismo, seus sacrifícios, agindo como se pudessem descartar uma ação política de sua parte como traição com base em fofocas sobre sua sexualidade. Em seguida, perguntei à classe se tinham ouvido rumores de que tanto Malcolm X quanto Martin Luther King tiveram experiências sexuais com homens. Eles conheciam esses boatos, mas não os usavam para invalidar a política e o ativismo deles. Estava evidente que as mulheres negras eram julgadas com base num critério diferente.

Angela Davis não abordou publicamente a relação entre a política de libertação e sua orientação sexual. Apesar de sua foto estar na capa da edição da revista *Out* em que ela compartilha essa informação, ela não explica na entrevista suas razões para divulgar sua sexualidade naquele momento. Os leitores são informados: "Ela não tem mais interesse em discutir sua vida romântica como lésbica do que teve em expor aos promotores, nos anos 1970, seu caso com George Jackson na prisão". É óbvio que esse caso com Jackson se tornou público e foi usado como plataforma para encorajar outras mulheres negras a se envolver na luta radical contra o racismo. Sem dúvida, o reconhecimento de sua lesbianidade impactará publicamente a luta pelos direitos dos gays negros.

Muitas pensadoras, escritoras e ativistas negras proeminentes são homossexuais. Algumas vezes é importante que o público saiba dessa informação, para que os estereótipos negativos que sugerem que pessoas negras gays só estão preocupadas com a sexualidade possam ser efetivamente questionados e desmascarados. Coletivamente, o mundo heterossexual negro deve reconhecer a poderosa contribuição positiva dos gays para a luta de libertação dos negros. Tal reconhecimento é sempre um ato de resistência; coloca-se como um desafio à homofobia, às pessoas que pensam que os negros heterossexuais têm mais direitos de "negritude" do que quaisquer outros. Já em 1978, a escritora June Jordan, em seu ensaio "Where Is the Love", desafiou os negros a lembrar que a sexualidade não determina nem reflete necessariamente a política. Muitos gays são politicamente conservadores. Ser gay não torna ninguém radical, assim como os homens negros heterossexuais mulherengos não são radicalizados por sua prática sexual. Jordan diz:

> Quando falo de feminismo negro, não estou falando de heterossexualidade, nem de lesbianidade, nem de homossexualidade, nem de bissexualidade; qualquer que seja a sexualidade de alguém, isso não me diz respeito, nem diz respeito ao Estado. Além disso, ninguém pode me convencer de que um tipo de sexualidade, em oposição a outro, proporcionará necessariamente mais felicidade para as duas pessoas envolvidas. Não estou falando de sexualidade, estou falando de amor, cuidado e respeito profundos e estáveis por todos os demais seres humanos, um amor que só pode derivar do amor-próprio seguro e positivo.

Paradoxalmente, a base do amor descrita por Jordan só pode estar presente na vida negra se respeitarmos a sexualidade de todo mundo.

De fato, um dos aspectos mais destrutivos da homofobia, na cultura como um todo e em especial na vida negra, é a erosão do amor-próprio que é tão necessário para a construção da autoestima positiva. Dada a homofobia generalizada, todos os jovens negros gays que vivem em diversas comunidades negras estão em risco. Arriscam a autoestima sendo atacados diariamente por um mundo heterossexual que deseja negar-lhes acesso igualitário a uma humanidade complexa e a uma série de escolhas sobre como viver e agir no mundo. Na autobiografia de Bill T. Jones, *Last Night on Earth* [Última noite na Terra], ele descreve de maneira comovente a luta interior que vivenciou enquanto se esforçava para explorar sua sexualidade, descobrir sua natureza e depois compartilhar com a família sua orientação. Um de seus irmãos mais velhos lhe disse: "É apenas uma fase pela qual você está passando". Tendo compartilhado sua descoberta com seus irmãos e irmãs antes de falar com a mãe e o pai, Jones sentiu medo e apreensão quando sua mãe perguntou: "O que você está fazendo dormindo com um homem?". Seu pai respondeu, dirigindo-se à esposa: "Amor, deixe o garoto fazer o que precisa fazer. Ele é homem". Esse momento íntimo não foi nem de perto tão difícil quanto o de homossexuais negros que são amargamente rejeitados por famílias negras.

Rejeitar as pessoas por não aprovar a orientação sexual delas é de má índole e absolutamente cruel. Em conversa com uma das minhas irmãs, fiz referência a nossa irmã lésbica. Ela enfatizou que não consegue tolerar a homossexualidade, algo que a Bíblia rotulou como pecado. Chamei sua atenção para o fato de que, segundo a Bíblia, o adultério é pecado, mas minha irmã não excluía nem punia seu parceiro nem os outros adúlteros presentes em sua vida. Quando se adequava às necessidades dela como heterossexual, ela interpretava a Bíblia de maneira mais progressista. Ainda assim, fez uso desse argumento para reforçar seu medo da homossexualidade. Uma estratégia semelhante é usada por cristãos que odeiam homossexuais. Isso é trágico.

Famílias negras amorosas criam um espaço onde cada membro pode se autorrealizar individualmente, pode acolher sua sexualidade à medida que ela evolui. Se mais pessoas negras estivessem dispostas a abandonar a mentalidade patriarcal que impede o amor, a homofobia poderia ser efetivamente desafiada e erradicada de nossa comunidade. Os gays negros têm sido o grupo de homens à frente dos esforços antissexistas na vida negra. Meu falecido camarada e amigo, o poeta Essex Hemphill, criticava ferozmente o pensamento patriarcal e a dominação masculina onde quer que emergissem entre negros — gays ou heterossexuais. Quando conheceu meu companheiro negro, Hemphill o puxou de lado para conversar, para se certificar de que ele entendia "como respeitar e amar essa mulher negra". Embora surpreso, meu companheiro aceitou esse gesto de amor protetor. Esse gesto, como tantos outros que Hemphill fez em sua vida, destruiu o estereótipo negativo de que os gays competem com as mulheres e não se importam com nosso bem-estar emocional. Muitas mulheres negras não conheceriam o amor de homens negros se não fossem os laços de cuidado emocionalmente satisfatórios estabelecidos com homens negros homossexuais não sexistas e amorosos. Homens gays que acreditam no pensamento patriarcal são tão sexistas quanto os heterossexuais. Em uma discussão com o cineasta negro Isaac Julien, que também é gay, Hemphill afirma:

> Pense nas coisas que você ouviu entre os irmãos gays acerca das mulheres. Quão diferentes são algumas dessas declarações se comparadas às de alguns irmãos heterossexuais? [...] Eu não acho que as definições atuais de masculinidade sejam adequadas para nenhum homem. Não acho que sirvam para ninguém.

Homens gays muitas vezes se incomodavam quando Hemphill os desafiava a criticar o próprio sexismo. A disposição dele de questionar o patriarcado, mesmo em situações que o tornavam impopular, expressava tanto seu amor-próprio quanto seu amor pela mulheridade negra.

Quando vivo, Marlon Riggs, ativista, estudioso e cineasta, costumava insistir em conversas comigo e com Essex sobre "negros amarem negros ser o ato mais revolucionário". Para Marlon, essa declaração era uma afirmação da importância do amor-próprio. Ele acreditava que um homem negro que odiasse a si mesmo, independentemente de sua orientação sexual, nunca seria capaz de amar outro homem negro. Embora eu concorde que qualquer um que esteja atolado em ódio não possa amar ninguém, costumava dizer a ele que o "ato mais revolucionário" que os homens negros poderiam fazer era lidar psicanaliticamente com sua infância. Afinal, é na infância que tantos homens negros, homo e heterossexuais, começam a temer a masculinidade e a virilidade. Esse medo é frequentemente baseado na interação dolorosa e abusiva entre filhos e pais e/ou homens no exercício da parentalidade.

Joseph Beam, ativista gay de longa data, foi um dos primeiros homens negros a abordar com seriedade a interação entre homens negros heterossexuais e gays, sobretudo as relações entre pais e filhos. Ao escrever sobre seu próprio pai, para ele uma pessoa amável e gentil, Beam declarou:

> Ficamos em silêncio quando estamos sozinhos juntos. [...] Nosso amor um pelo outro, embora grande, nunca deve ser mencionado. É o amor muitas vezes não dito que homens negros dão a outros homens negros, em um mundo onde somos forçados a tampar a

boca com as mãos ou sofrer o golpe da prisão, do desemprego ou da morte. Mas essas palavras, que se tornam ausentes, são precisamente as palavras que dão vida e continuidade. Elas devem ser expressas.

O medo da homossexualidade levou muitos homens adultos negros a refrear o amor de seus semelhantes negros, crianças e adultos. Enraizado na homofobia, esse medo precisa ser superado para que os homens negros vivenciem o amor-próprio. Ao mesmo tempo, até que os negros abordem abertamente o incesto entre pessoas do mesmo sexo, o abuso sexual de meninos negros por homens mais velhos, o amor-próprio não se tornará uma norma para todos os homens negros.

Homens negros que amam a si mesmos não temem ser gays, pois sabem que abraçar a sexualidade, seja ela qual for, é um gesto de autoaceitação necessário para amar. Recentemente, o ressurgimento do nacionalismo negro afrocêntrico de base patriarcal deu origem a formas de violência sem precedentes contra homossexuais nas comunidades negras. Fiquei estarrecida ao ouvir homens negros e mulheres negras se gabarem dizendo que matariam um filho ou uma filha que fosse gay. Esses impulsos genocidas são resultado da homofobia descontrolada; estão ligados ao misógino ódio às mulheres. A prevalência da homofobia na vida de todos nós ataca a integridade de todo o corpo político negro. Para um povo cujos corpos foram submetidos a todo tipo de tortura e degradação e perseguidos com base na cor da nossa pele, sobre a qual não temos controle, a base de nossa sobrevivência, mantendo intacta nossa benevolência, foi a disposição de desafiar a dominação. Nunca garantiremos a segurança de nossa liberdade de autorrealização se não quisermos reivindicar esses direitos para todo mundo, inclusive para nossos irmãos e irmãs homossexuais.

Não existe pessoa negra que não tenha um parente gay em sua árvore genealógica. Muitas vezes, quando os membros da família se engajam em piadas homofóbicas tolas e em violência verbal contra homossexuais, assumem que essas pessoas são estranhas, são de fora e que nunca as conhecerão. A pessoa homossexual está sempre conosco, dentro de casa, é parte da nossa família. Se não se sabe de sua presença, em geral é porque o ambiente não é uma atmosfera segura e afirmativa para que ela se assuma abertamente. A maioria das pessoas negras se importa com alguém que é gay sem conhecer a orientação sexual dessa pessoa. Esse espaço de desconhecimento pode ser o espaço onde os heterossexuais machucam e ferem seus parentes gays. Quando os heterossexuais da família criam um ambiente seguro e amoroso, em que os julgamentos de valor e mérito não são baseados na orientação sexual, os indivíduos gays podem ousar falar suas verdades, compartilhar quem realmente são, dar e receber o amor de que todos nós precisamos para ser totalmente autorrealizados.

Infelizmente, a prevalência do HIV e da aids nas comunidades negras quebrou as barreiras da negação e forçou muitas famílias e comunidades negras a encarar a realidade de que gays e bissexuais vivem conosco e estão entre nós. Em alguns casos, os indivíduos respondem a essa realidade com atos de crueldade e ódio, muitas vezes evitando aqueles que sofrem. De fato, até que pessoas negras aprendam a aceitar que temos diversas sexualidades, os doentes e os sofredores entre nós não receberão o cuidado amoroso que todos merecem. O pensamento homofóbico patriarcal levou muitos negros a ver o vírus da aids como punição por atitudes erradas. Esse pensamento está enraizado no ódio, e só pode ser desafiado por atos de amor. Pessoas negras de mentalidade conservadora precisam parar de agir como se apenas os soropositivos heterossexuais fossem dignos de cuidados. Sem uma abordagem aberta e compassiva da homossexualidade, pessoas negras nunca conseguirão lidar com as doenças relacionadas ao HIV e com a aids em nossas comunidades, nem entenderão por que as mulheres negras estão desproporcionalmente entre os doentes e os pacientes em estado terminal. Se nos amarmos e acolhermos as diversas sexualidades, criaremos um ambiente em que todo tipo de sexualidade poderá se expressar. Ao fazermos isso, diminuiremos o risco de os indivíduos serem vitimizados, enquanto cultivamos um ambiente amoroso no qual os irmãos gays que sofrem com a doença possam conhecer o que é cuidado, possam encontrar o amor.

Criar comunidades de negritude onde o amor e o respeito pela diversidade pudessem ser valorizados foi um importante ato de resistência para os escravizados negros recém-libertos. Essa solidariedade permanente que recebe a todos e permite que eles se sintam em casa nos foi ensinada nas comunidades segregadas de nossa infância. Como estratégia de sobrevivência oposicionista, possibilitou a construção de vínculos afetivos entre pessoas diferentes. O desejo de construir comunidades onde todos, homo e heterossexuais, estariam seguros era fundamental para o projeto da luta visionária pela libertação negra. É a essa visão que devemos retornar se quisermos fazer de nossas comunidades lugares onde os gays possam conviver e se desenvolver, realizados pelo conhecimento de que "somos uma família". Para pessoas negras heterossexuais que amam a si mesmas, valorizar irmãos e irmãs gays como nos valorizamos é uma lição de amor que pode redimir todos nós. Reconhecer o amor bem resolvido que homens e mulheres gays oferecem uns aos outros e a todos nós é vital para amar a negritude, pois nos permite estabelecer comunidades nas quais ninguém é excluído ou discriminado. Isso nos possibilita valorizar um ao outro, apreciar nossas singularidades e deixar o amor nos guiar para o lugar onde somos um só corpo amoroso.

11.
justiça amorosa

O amor redentor sempre teve um significado especial para os afro-estadunidenses. Historicamente, pensava-se nele com frequência como o amor ilimitado de uma força divina, poderosa o suficiente para permitir que oprimidos e explorados encontrassem seu caminho para a liberdade, a fim de sobreviver e triunfar. Quando Martin Luther King galvanizou afro-americanos como nenhum outro líder jamais havia feito antes, convocando-nos a amar a justiça acima de tudo, de tal modo que estivéssemos dispostos a dar a vida para sermos livres, ele exigiu que fôssemos além do mundo da política, rumo a um lugar espiritual transcendente de sacrifício significativo. Esse chamado para o amor sacrificial era diferente da noção de amar a Deus como um bálsamo que acalma as dores da tortura e do sofrimento injustos. Era diferente da noção cristã de perdoar e amar os inimigos. Foi um chamado para defender a justiça e a liberdade com o coração, o corpo, a mente e o espírito inteiros.

Gerações de afro-estadunidenses esqueceram rapidamente esse legado. Felizmente, uma maravilhosa série de filmes, *Eyes on the Prize*[19] permite que as gerações atuais sejam testemu-

---

19. *Eyes on the Prize: America's Civil Rights Movement* [De olho no prêmio: o movimento pelos direitos civis dos Estados Unidos] é uma série documen-

nhas desse amor. Fico maravilhada sempre que vejo imagens de pessoas negras prontas para ser espancadas, talvez até perder a vida, por justiça. E fico maravilhada olhando para pessoas brancas ao lado delas, prontas para morrer por justiça. Quando três homens que eu não conhecia, Chaney, Goodman e Schwerner, foram assassinados porque amavam a justiça, eu tinha doze anos. No entanto, fiquei com a imagem de três jovens na mente: dois do Norte, um do Sul, dois brancos e um negro, todos na faixa dos vinte anos, presos em 21 de junho de 1964, no Mississippi, e nunca mais vistos até que seus corpos foram encontrados. Chaney foi espancado e depois atiraram nele; Goodman e Schwerner foram mortos com um tiro.[20] No velório de Goodman, em Nova York, o rabino Arthur Lelyveld, que estivera no Mississippi uma vez e fora atacado, elogiou esses jovens, dizendo ao mundo: "Eles são o caminho do amor e do serviço construtivo". Eles morreram por justiça.

Quando eu era adolescente, crescendo em um mundo que mudava rapidamente do apartheid racial que eu presenciara até então (uma separação que erigiu, no lado branco, uma barreira de ódio tão intensa que gerou em nós uma onda escaldante de medo) para um mundo que não era mais segregado,

~~

tal com catorze episódios sobre o movimento pelos direitos civis nos Estados Unidos durante o período entre 1952 e 1965. Foi exibida na televisão estadunidense no final da década de 1980. [N.E.]

20. Os três jovens, militantes pelos direitos civis e membros do Congress for Racial Equality [Congresso pela igualdade racial], desapareceram a caminho do Freedom Summer, uma iniciativa para registrar eleitores afro-estadunidenses no Mississippi em junho de 1964. James Chaney era negro e tinha 21 anos quando foi assassinado; os outros dois rapazes, Andrew Goodman, 20 anos, e Michael Schwerner, 24 anos, eram judeus. O assassinato dos três foi resultado de uma aliança entre membros da Ku Klux Klan e da polícia. [N.E.]

entendi o poder da justiça e o significado do sacrifício. Naquela época, assim como ao longo de toda a vida, eu me perguntei se meu amor pela justiça, aquela herança transmitida a mim e a todos nós por meio dos sacrifícios de ativistas antirracistas como Chaney, Goodman e Schwerner, me daria coragem para oferecer a vida, para enfrentar a morte. Muitos negros defensores da liberdade, como James Chaney, foram motivados a lutar por justiça com uma coragem que aprenderam quando crianças na igreja. Esperavam incorporar, em palavras e ações, o amor radical de Deus. Seria esse amor que os manteria e os sustentaria na hora do julgamento, antes da crucificação, quando não haveria ninguém para testemunhar.

Há uma diferença nítida entre a perspectiva de pessoas negras nascidas e criadas durante períodos de segregação mantida com violência e a perspectiva de gerações mais jovens, que nunca souberam de fato como era ser excluído de escolas, hospitais e restaurantes exclusivamente por causa da cor da pele. Uma geração de pessoas negras que nunca soube o que é trabalhar duro na terra, colher algodão ou ser meeiro, labutar o dia todo e continuar com fome à noite porque o pagamento recebido pelo trabalho não é suficiente para atender às necessidades diárias mais básicas (alimentação, vestuário e moradia) não consegue compreender, pela própria experiência, os atos extremos de injustiça perpetrados em nome da supremacia branca. Mais importante ainda, essas novas gerações não têm noção de como era viver em um mundo de apartheid racial, onde simplesmente ultrapassar um limite com o olhar, uma palavra ou uma ação poderia levar à morte. Essa geração com frequência se irrita, com razão, porque seus membros não têm acesso igual às principais esferas de poder e privilégio, aos melhores e mais bem remunerados empregos. Mas essas pessoas não viveram a experiência de ser incapaz de encontrar trabalho, independentemente do nível de inteligência, habilidade ou necessidade. Essa geração não conheceu a fome incessante, a tortura implacável, o medo que, de tão grande, nos tira a voz e nos torna impotentes. Agora mesmo, essa geração, assim como nossa nação, não ama a justiça.

Quando jovens negros militantes abraçaram o pensamento patriarcal e decidiram se afastar de uma luta pela liberdade enraizada na ética do amor e substituí-la por um movimento baseado na luta por poder, defendendo a violência e cortejando a morte, não previram que essa ação os colocaria imediatamente em conluio com o sistema opressivo que esperavam mudar. Nós precisamos de uma visão progressista e transformadora da justiça social que combine a sabedoria da luta bem-sucedida e não violenta por liberdade, baseada no amor, com a compreensão de um movimento de descolonização e ação direta pela autodeterminação e pela libertação negras. Embora coisas muito boas tenham surgido do movimento não violento dos direitos civis e do movimento *black power* mais incisivo, a ética do amor, tão central na sobrevivência dos negros, foi descartada.

O assassinato do grande profeta do amor Martin Luther King, o visionário que ofereceu ao mundo a esperança de acabar com a dominação através da resistência não violenta, criou o contexto para o desespero e a falta de esperança. E houve ainda outro golpe para o espírito daqueles que lutaram por liberdade e justiça: quando Malcolm X, que fizera tanto para afastar os jovens negros da mensagem de King, foi assassinado logo quando começava a se afastar de uma filosofia de matar ou morrer para se aproximar de uma visão de lutas estratégicas pela liberdade baseada na ética do amor e na vontade de escolher a autodeterminação. Malcolm X não foi morto no auge de seu poder, de seu chamado para uma luta armada. Apesar de naquela época estar em voga sugerir o contrário, uma nação militarista, imperialista e supremacista branca comprometida em colonizar o mundo "da forma como fosse necessário" entendeu plenamente que, se a violência fosse regra, o Estado sempre prevaleceria. Malcolm X passou a ser muito mais uma ameaça ao Estado quando começou a se opor ao imperialismo e a criticar a violência como único meio possível de intervenção.

Tanto Martin Luther King quanto Malcolm X foram assassinados quando começaram a aprimorar uma percepção verdadeiramente revolucionária de libertação, enraizada tanto na ética do amor quanto na vontade de resistir à dominação em todas as suas formas. Martin e Malcolm não viveram tempo suficiente para integrar plenamente a ética do amor a uma concepção de descolonização política que oferecesse diretrizes práticas para a erradicação do auto-ódio de pessoas negras, bem como estratégias para construir uma comunidade diversificada e amorosa. No ensaio "O amor como prática da liberdade", publicado em *Cultura fora da lei*, descrevi como a perda desses dois líderes visionários (bem como a morte de líderes brancos liberais que eram nossos aliados na luta pela justiça racial) realmente arrasou os afro-estadunidenses.

Nenhum trabalho examinou de maneira aprofundada como o assassinato de nossos líderes ocasionou sérios problemas de saúde mental em pessoas negras, cuja moral ferida havia sido alimentada e rejuvenescida sob a orientação amorosa deles. Ouvimos pessoas falarem abertamente que as notícias da morte de King e/ou Malcolm as chocaram e **traumatizaram**. No entanto, não tínhamos uma comunidade de saúde mental pronta para enfrentar esse trauma, para nos ajudar na recuperação. Ao teorizar sobre essa dor em meu ensaio, escrevi:

> Machucadas naquele espaço onde conheceríamos o amor, pessoas negras vivenciávamos coletivamente dor e angústia intensos em relação ao nosso futuro. A ausência de espaços públicos onde essa dor pudesse ser articulada, expressa, compartilhada significou que ela ficava contida — apodrecendo, suprimindo a possibilidade de que essa tristeza coletiva fosse resolvida na comunidade, mesmo que modos de superá-la e continuar a luta de resistência fossem antevistos. Sentindo como se "o mundo tivesse realmente chegado ao fim", no sentido de que havia morrido a esperança de que a justiça racial se tornaria norma, um desespero ameaçador tomou conta da vida negra.

Enquanto pessoas negras das classes privilegiadas amenizaram seus sentimentos de perda por meio da rápida assimilação dos valores convencionais de domínio branco, a grande massa de pessoas negras se sentiu emocionalmente tolhida. Seguindo o caminho escolhido por seus semelhantes privilegiados, mantendo a desconfiança e a hostilidade, no entanto, começaram a abraçar os valores do patriarcado supremacista branco capitalista. Isso criou um contexto sem precedentes para a conivência com suas próprias opressão e exploração e preparou o terreno para que as comunidades negras pobres fossem cooptadas pelo narcotráfico, o que resultou em uma ética hedonista de violência, consumismo e busca amoral de prazer poderosa o suficiente para usurpar e destruir os fundamentos do comunalismo, a ética do amor e a crença no poder curativo do perdão, da fé e da compaixão.

O maior testemunho da falta de amor que assolou diversas comunidades negras é a presença constante de violência desnecessária, brutal e sem sentido. Tal como acontece com todas as comunidades em uma cultura de dominação, sempre houve violência em bairros negros. No entanto, foi apenas nos últimos vinte anos ou mais que a agressão genocida e a tortura sadomasoquista aleatórias se tornaram tão comuns que nem sequer merecem comentários, muito menos indignação. Uma vez que tantos negros de classe privilegiada vivem longe dessas "zonas de guerra", não há senso de responsabilidade pelo estilo de vida das pessoas negras que estão presas a bairros de classe média baixa ou pobres devastados por predadores. A indiferença da classe profissional negra conservadora encontra expressão extrema em críticos como Stanley Crouch, que defende o massacre legalizado em larga escala e/ou pena de morte para indivíduos predadores que transformam esses bairros em mini-impérios onde exercem um comando autocrático.

Ainda que líderes negros homens (todos com privilégio material) geralmente denunciem a violência predatória entre as classes mais baixas, a grande maioria apoia o imperialismo e o militarismo. Evidentemente, eles não veem conflito moral entre sua crítica e seu repúdio aos homens negros que atacam de maneira violenta as comunidades negras e os homens negros que, a serviço do Estado-nação, atacam globalmente as comunidades desfavorecidas. O líder da Nação do Islã, Louis Farrakhan, que ficou famoso mundialmente graças à imprensa patriarcal supremacista branca capitalista, tem muito em comum com a direita política e religiosa branca. Ele apoia o militarismo, o capitalismo, o imperialismo e o patriarcado; seu ponto de discordância diz respeito apenas à questão da supremacia branca.

No ensaio "Farrakhan, the Hip-Hop Generation, and the Failure of Black American Leadership" [Farrakhan, a geração hip-hop e o fracasso da liderança negra estadunidense], publicado na antologia *The Farrakhan Factor* [O fator Farrakhan], Ron Nixon menciona uma pesquisa da revista *Time* indicando que mais da metade dos jovens negros o vê como um exemplo. Os entrevistados acreditam que ele, mais que qualquer outro líder negro, aborda questões relevantes, oferecendo o que Nixon chama de percepção que se encaixa na situação atual:

> Essa percepção é fundamentada no nacionalismo negro e na dura realidade da vida de muitas pessoas na comunidade negra. No entanto, assim como as visões manifestadas por tradicionais líderes negros dos direitos civis e conservadores, essa perspectiva falha em atender às necessidades críticas da próxima geração de afro-estadunidenses — do hip-hop e outras —, que suportarão o impacto da contínua deterioração da comunidade negra.

O Estado-nação afirmou a liderança de Farrakhan quando o governo apoiou a Marcha de Um Milhão de Homens que ele liderou. Qualquer acadêmico que estude a declaração de princípios da marcha e os discursos proferidos durante a ocasião descobrirá que seu conteúdo político primário está no apoio inequívoco que oferece ao patriarcado, ao capitalismo, ao militarismo e ao imperialismo. O amor raramente foi mencionado na marcha ou em comentários sobre ela. O fracasso em abordar a potência transformadora do amor faz sentido, dado o foco central na dominação.

Enquanto líderes negros cometerem o erro de incentivar homens negros e todas as pessoas negras a acreditar que nossas feridas coletivas podem ser curadas ao estabelecermos uma norma patriarcal negra, estaremos condenados. Afinal, abraçar o patriarcado tem uma consequência para o homem negro instalado em uma sala de reuniões e outra para o homem negro que precisa provar sua masculinidade nas conflituosas ruas do gueto ou na zona de guerra das prisões contemporâneas. Assim como alguns líderes nacionalistas negros ignoram a realidade da diversidade em nossa vida, da mistura racial no trabalho e em outros lugares e socializam pessoas negras para aceitarem um separatismo racial conservador, mais e mais fantasias utópicas afrocêntricas que disseminam a ideia de que todos os brancos são inimigos são produzidas na literatura e em produtos da cultura popular. Há algum tempo, isso leva indivíduos negros a agir como se os brancos nunca pudessem ser nossos aliados na luta, nunca pudessem ser antirracistas. É evidente que abraçar essa maneira equivocada de pensar leva pessoas negras a rejeitar aliados brancos capazes de nos ajudar a desmantelar a supremacia branca. Um excelente exemplo de como esse pensamento é prejudicial ocorre nos sistemas escolares em todo o país. Crianças negras em escolas nas quais seus professores e professoras são brancos assumem falsamente que estão se engajando em algum ato significativo de resistência quando recusam informações que esses professores oferecem, quando zombam, ridicularizam e, em alguns casos, aterrorizam esses profissionais.

É óbvio quem é que sofre as consequências do fracasso em se engajar em um ambiente de aprendizado efetivo. Quando pais e mães negros ensinam filhos e filhas a rejeitar todas as formas de conhecimento provenientes de fontes brancas, estão traindo os próprios interesses. Não apenas incentivam uma abordagem conservadora da interação humana em um mundo diverso como também garantem que a prole estará mal preparada para o mercado de trabalho. Ao mesmo tempo que estamos certos, como cidadãos negros, em questionar e criticar os preconceitos da supremacia branca na educação, não é útil convencer estudantes negros de que eles não têm nada a aprender com quem é branco. Esse cinismo sobre a capacidade dos brancos de apoiar a luta antirracista é um escárnio cruel à história dos direitos civis. Ele contesta o incrível presente que nos foi oferecido por pessoas brancas antirracistas que sacrificaram tempo, segurança, prestígio e, em alguns casos, a própria vida na luta para acabar com a supremacia branca.

Em grande medida, a demonização contemporânea de todas as pessoas brancas por alguns líderes negros é psicanaliticamente uma inversão do auto-ódio racializado. As evidências que sustentam esse fato estão no destino de muitos líderes negros como Huey Newton e Eldridge Cleaver, cujas alianças confusas demonstraram que eles não haviam descolonizado a mente por completo. Um negro mergulhado no auto-ódio não conseguirá ver as diferenças entre a supremacia branca cristalizada e uma pessoa branca antirracista progressista que se opõe à dominação em todas as suas formas.

Nenhum líder negro masculino jamais colocou o fim do auto-ódio negro como objetivo principal na luta pela libertação dos negros. Com frequência, King destacou a importância de amar nossos inimigos quando colocou o amor como prioridade. Ele fez isso, em parte, porque teve a perspicácia de perceber que a supremacia branca não seria erradicada a menos que as pessoas brancas passassem por uma experiência de conversão que lhes mostrasse o que significa agir de modo justo. Porque, assim como muitos de nós, quando viu os negros incorporarem a ética do amor em seus ideais mais elevados, ele acreditou que estávamos destinados coletivamente a dar um exemplo do significado do perdão.

Apesar de muitos jovens negros progressistas termos desconfiado do foco de King em perdoar nossos inimigos (e eu fui uma entre eles) por ele não ter falado sobre autodeterminação e amor-próprio, não abandonamos nosso entendimento de que uma das formas de adquirir discernimento é por meio do sofrimento redentor, de que um dos principais ganhos para os negros está na prática da compaixão. Para mostrar compaixão pelos inimigos e ser capaz de amá-los, as pessoas precisam, necessariamente, ter o amor-próprio enraizado. Ao estudar os escritos de King hoje, parece que ele não se concentrou no amor-próprio porque realmente acreditava que os negros o possuíam. Em sua existência tão cedo abreviada, ele não parece ter compreendido totalmente as profundezas da mente negra colonizada, do auto-ódio negro.

Concentrando-se no poder do perdão, King também ignorou a importância de assumir responsabilidade. Para que o perdão genuíno seja transformador, pessoas brancas que passam por um processo de conversão durante o qual se desfazem do pensamento supremacista branco devem necessariamente se concentrar na responsabilidade e na reparação. Tendo também abandonado uma ética do amor quando se trata da questão da justiça social, a maioria dos cidadãos brancos desinformados responde com ira à sugestão de que a nação deve reparar os ataques genocidas peculiares vivenciados por seus cidadãos negros no passado e no presente. Toda pessoa branca comprometida com a luta antirracista entende que não há vergonha em assumir a responsabilidade pelo mal coletivo causado a pessoas negras por agentes da supremacia branca, a maioria dos quais era e é branca. Na realidade, assumir responsabilidade e prestar contas são coisas que fortalecem.

Quando a popular guru da nova era Marianne Williamson escreveu o perspicaz livro *The Healing of America* [A cura dos Estados Unidos], estimulando os cidadãos deste país a reparar o mal causado pela supremacia branca, a obra não foi tão aclamada quanto todas as demais que escreveu. Nesse trabalho, unindo espiritualidade e política, Williamson clama por um retorno a uma ética do amor que inspire novamente todos os cidadãos a se preocuparem com o fim do racismo e todas as outras formas de dominação. Argumentando com persuasão, ela afirma:

> Há aqueles que apontam para os negros que se comportaram de maneira criminosa ou disfuncional e tentam usar isso como justificativa para não cumprir nosso dever ético com relação à comunidade afro-estadunidense. Ou, por outro lado, pode-se apontar estrelas negras que triunfaram e tentar alegar que, por terem se tornado famosas nos Estados Unidos, são a prova de que não existe um problema real. Mas nenhum dos argumentos é válido. Todo grupo de pessoas tem seu elemento de sombra, e todo grupo de pessoas tem seus gênios. Nenhum dos dois é uma desculpa para não fazer o que precisa ser feito.

A partir da obra de Martin Luther King, Williamson ecoa, ao longo de seu livro, a ideia de que uma ética do amor é a única base para a renovação transformadora de nós mesmos e de nossa nação.

Os líderes visionários progressistas sempre souberam que qualquer ação que liberte e revigore os negros oprimidos e explorados fortalece a nação como um todo. Essas ações fornecem não só um modelo para acabar com o racismo mas também estratégias para a cura geral dos Estados Unidos. Ao concentrar-se apenas nos exemplos negativos de *gangstas*[21] negros niilistas, corruptos e predatórios, os conservadores brancos esperam privar as pessoas negras do legado que nos tornou uma vanguarda moral. Concentrando-se mais nas falhas pessoais de líderes do passado e do presente, esse mesmo grupo efetivamente desvia a atenção dos sábios ensinamentos desses líderes, que nos permitiriam cuidar da alma tanto dos negros quanto da nação como um todo.

A perspectiva cética está cada vez mais presente, o que dissemina a noção de que há escassez de liderança negra, de que os negros não temos diretrizes redentoras para salvar nossa alma e nossas diversas comunidades. Isso tudo é falso. Líderes negros visionários são abundantes em nossa sociedade, e muitos deles são mulheres. O pensamento patriarcal bloqueia o reconhecimento do poder da sabedoria feminina e de nossas palavras. Líderes negras contemporâneas sabem que só podemos curar a crise em nossas diversas comunidades negras retornando a uma ética do amor que se oponha a todas as formas de dominação, incluindo a supremacia branca e o sexismo. Antes de nós, pensadores negros visionários, muitos dos quais eram mulheres, prepararam um banquete capaz de curar nossa alma. Tudo está pronto, as pessoas negras só precisam comparecer ao banquete. Será uma tragédia se o pensamento

---

21. Termo derivado de "gângster", membro de gangue, criminoso. [N.E.]

sexista, combinado ao racismo internalizado, impedir os indivíduos de compartilhar de todos os ensinamentos sábios que nos oferecem um caminho para a cura e a salvação.

Não é por acaso que a cultura dominante tenha renovado seu foco na masculinidade patriarcal à medida que mulheres negras visionárias e antissexistas encontravam uma voz e se faziam escutar. Os líderes patriarcais capitalistas da supremacia branca sabem quem se beneficia mais do desrespeito e da desvalorização da sabedoria feminina negra. Ao contrário dos homens líderes do passado que determinaram a direção da luta pela libertação negra, os pensadores antissexistas, mulheres e homens, sabem que devemos viver o que pregamos, incorporando em nossos hábitos a libertação que reivindicamos para o corpo político coletivo. Se nossos líderes negros no passado e/ou no presente fossem fundamentalmente antipatriarcais, negros e negras estariam em um lugar diferente hoje. Estaríamos celebrando o espírito dissidente de solidariedade e igualdade, de comunalismo e amor à justiça que tem sido nosso legado.

Esse legado não foi esquecido. Visionários não reconhecidos estão prontos para passar a tocha e reacender a chama da luta pela libertação enraizada em uma ética do amor. Dinheiro sozinho nunca vai curar as feridas da América negra. Enquanto a supremacia branca for predominante, devemos sempre trabalhar para controlar nossas representações, para oferecer uma perspectiva progressista. Retornar ao amor e a uma ética do amor pode dar a todas as pessoas negras força para sobreviver com dignidade e paixão, independentemente de sua realidade econômica. Pode nos dar poder para criar comunidades de resistência que consigam eliminar todas as formas de violência em nossos bairros: a violência do vício, a do abuso físico, a da tortura emocional. Os recursos para curar nossas feridas já estão a nossa disposição. Precisamos somente reunir os meios de distribuição para agir em todos os sentidos. Coisas simples como parar de ver televisão, recusar o consumo irracional, ocupar-se de pensamentos positivos, aprender a ler, a escrever e a pensar criticamente estão entre as inúmeras maneiras de praticar o amor em ação, um amor redentor capaz de curar espíritos feridos.

Martin Luther King ofereceu uma compreensão visionária ao afirmar: "Nosso objetivo é criar uma comunidade amorosa, e isso exigirá uma mudança qualitativa na alma de cada um de nós, bem como uma mudança quantitativa em nossa vida". As pessoas que fazem parte dessa comunidade amorosa já estão em nossa vida, não precisamos procurá-las. Podemos começar onde estamos. Iniciemos nossa jornada com amor, e o amor sempre nos trará de volta ao ponto de partida. Escolher amar pode curar os espíritos feridos e nosso corpo político. É a revolução mais profunda; é afastar-se do mundo como o conhecemos em direção ao mundo que devemos criar se quisermos alcançar unidade com o planeta — um coração apaziguado que gera e sustenta a vida. O amor é nossa esperança e nossa salvação.

bell hooks nasceu em 1952 em Hopkinsville, então uma pequena cidade segregada do Kentucky, no sul dos Estados Unidos, e morreu em 2021, em Berea, também no Kentucky, aos 69 anos, depois de uma prolífica carreira como professora, escritora e intelectual pública. Batizada Gloria Jean Watkins, adotou o pseudônimo pelo qual ficou conhecida em homenagem à bisavó, Bell Blair Hooks, "uma mulher de língua afiada, que falava o que vinha à cabeça, que não tinha medo de erguer a voz". Como estudante passou pelas universidades Stanford, de Wisconsin e da Califórnia, e lecionou nas universidades Yale, do Sul da Califórnia, no Oberlin College e na New School, entre outras. Em 2014, fundou o bell hooks Institute. É autora de mais de trinta obras sobre questões de raça, gênero e classe, educação, crítica cultural e amor, além de poesia e livros infantis, das quais a Elefante já publicou *Olhares negros*, *Erguer a voz* e *Anseios*, em 2019; *Ensinando pensamento crítico*, em 2020; *Tudo sobre o amor* e *Ensinando comunidade*, em 2021; *A gente é da hora*, *Escrever além da raça* e *Pertencimento*, em 2022; *Cultura fora da lei* e *Cinema vivido*, em 2023; e *Comunhão*, em 2024.

© Editora Elefante, 2024
© Gloria Watkins, 2024

Primeira edição, fevereiro de 2024
São Paulo, Brasil

Título original:
Salvation: Black People and Love, bell hooks
© All rights reserved, 2001
Authorised translation from the English language edition published
by Perennial, an imprint of HarperCollins Publishers.

Dados Internacionais de Catalogação na Publicação (CIP)
Angélica Ilacqua CRB-8/7057

hooks, bell, 1952–2021
Salvação: pessoas negras e o amor / bell hooks; tradução
   de Vinícius da Silva. São Paulo: Elefante, 2024.
   248 p.

ISBN 978-65-6008-027-0
Título original: *Salvation: Black People and Love*

1. Negros – Estados Unidos – Condições sociais
2. Negros – Psicologia
3. Amor
I. Título II. Silva, Vinícius da

23-6352   CDD 306.7

Índices para catálogo sistemático:
1. Negros – Estados Unidos – Condições sociais

elefante

editoraelefante.com.br   Aline Tieme [comercial]
contato@editoraelefante.com.br   Samanta Marinho [financeiro]
fb.com/editoraelefante   Sidney Schunck [design]
@editoraelefante   Teresa Cristina Silva [redes]

fontes H.H. Samuel e Calluna
papéis Cartão 250 g/m² & Lux Cream 60 g/m²
impressão BMF Gráfica